Bodo Riedel

Dreimal darfst du raten

100 Personen aus Bibel und Glaubensgeschichte in Rätseln vorgestellt

Oncken Verlag Wuppertal und Kassel

Ypsilon

Oncken Jugendtaschenbuch 10

Umschlaggestaltung: Carsten Buschke, Leichlingen 2
Umschlagfoto: Damm – ZEFA, Düsseldorf
Gesamtherstellung: Breklumer Druckerei Manfred Siegel KG
ISBN 3-7893-7510-1

INHALT

VORWORT

In diesem Buch begegnen uns 100 verschiedene Menschen. Da sind

Missionare und Märtyrer,
Dichter und Diener,
Könige und Kämpfer,
Reformer und Richter,
Propheten und Professoren,
Entdecker und Evangelisten.

Keiner gleicht dem anderen. Alle haben aber eins gemeinsam: Jeder hatte eine Begegnung mit Gott, die in seinem Leben Spuren hinterlassen hat. Diese Spuren habe ich gesucht.

Nicht bei jeder der 70 biblischen Personen ist die Begegnung so umfassend wie bei Mose. Bei manchem können wir nur aus den Spuren auf eine solche Begegnung zurückschließen. Und nicht bei allen führt die Begegnung zum Glauben; so bei Pontius Pilatus. Bei den vielen anderen aber sehen wir, wie sich ihr Leben verändert. Wir sehen, wie es zielgerichtet wird, wie sie gewaltige Taten tun – und wie sie versagen. Ja, die Bibel ist ein ehrliches Buch. Sie verschweigt selbst bei dem großen König David nicht die Schuld, die er auf sich lädt.

Ähnliches gilt für die 30 Personen aus der fast zweitausendjährigen Glaubensgeschichte. Zugegeben – ihre Auswahl ist sehr subjektiv. Manche berühmte Persönlichkeit fehlt. Aber mir ging es weniger um Berühmtheiten. Ich suchte immer wieder die Spuren der Begegnung mit Gott.

Bei der Beschäftigung mit diesen Menschen, beim Schreiben dieses Buches also habe ich eine Reihe guter Erfahrungen gemacht. Eine möchte ich hier nennen: Es ist gut, biblische Wahrheiten zu kennen. Aber es ist faszinierend zu sehen, wie ein Mensch diese Wahrheiten in sein Leben hineinnimmt, ja wie er sie auslebt. Wie lebendig wird Jesu Wort: »Liebt eure Feinde, tut wohl denen, die euch hassen.« (Luk. 6,27), wenn wir den gesteinigten Stephanus sehen. Er betet für seine Peiniger – und macht damit den Weg frei für den, der die Kleider der Steinwerfer bewacht: Saulus, der später Paulus heißt.
Oder: Wir können wissen, daß Weltmission für Christen ein wichtiges Thema ist. Aber etwas anderes ist es zu erfahren, durch

welche Erlebnisse Gott den Grafen Zinzendorf zur Weltmission geführt hat. Und es ist eine Herausforderung für uns, wenn wir weiterlesen, was Zinzendorf alles getan hat, um in seiner Zeit diesen Auftrag auszuführen.

Ich möchte allen meinen Lesern wünschen, daß sie beim Lesen der Kurzbiographien ebenso viele und gute Erfahrungen machen.

Bremen, im Februar 1985 Bodo Riedel

Zum Gebrauch dieses Buches

Dieses Buch bietet dem Leser zwei Möglichkeiten.
Er kann die einzelnen Biographien abschnittweise lesen und so die gesuchte Person erraten. Wer schon beim ersten Abschnitt weiß, um wen es sich handelt, erweist sich als Kenner. Der zweite Abschnitt macht das Raten schon leichter. Und falls er nach dem dritten Abschnitt noch nicht weiß, wer gemeint ist, bleibt dem Rater noch immer der Blick in die Verzeichnisse auf den Seiten 117-122.

Natürlich läßt sich diese Form des Ratens auch als interessantes Spiel in einer kleinen Gruppe durchführen – bei einem Jugendabend, im Unterricht oder bei einer Geburtstagsfeier. Der Spielleiter liest abschnittweise vor. Nach jedem Abschnitt können die eifrigen Rater einen Zettel mit dem geratenen Namen abgeben. Wenn der Name stimmt, gibt es nach dem ersten Abschnitt drei Punkte, nach dem zweiten Abschnitt zwei und am Schluß einen Punkt. Natürlich darf jeder Rater zu jeder Person nur einen Zettel abgeben. Wenn am Schluß die Punkte addiert sind, gibt es einen ersten, einen zweiten und einen dritten Sieger.

Die zweite Möglichkeit: Die Biographien dienen als erste Kurzinformation. Du willst etwas über William Carey erfahren? Im Namensverzeichnis auf den Seiten 123 und 124 findest Du die Nummer seiner Kurzbiographie. Beim Lesen mußt Du nur beachten, daß meine Biographie nicht bei der Geburt beginnt und mit dem Tod endet. Allgemeines oder oft nicht so bekannte Einzelheiten findest Du zumeist im ersten Abschnitt. Wichtige und bekannte Fakten suchst Du am besten im letzten Abschnitt.

Hosea – gesucht ist sein anderer, bekannterer Name – Hosea wurde 110 Jahre alt. Man begrub ihn in Timnat-Serach, seiner eigenen Stadt. Freilich – er war nicht in dieser Stadt geboren. Vielmehr hatte er sie erobert und aufgebaut. Einen großen Teil seines Lebens war er mit seinem Volk unterwegs. Doch so weit wie er kam nur noch einer in seiner Generation. Dieser eine schätzte die Lage genauso ein wie er, als sie mit einem kleinen Stoßtrupp von einem Erkundungsgang zurückkehrten.

Als militärischer Oberbefehlshaber war er sehr erfolgreich. 31 Siegen in einem langen Feldzug steht nur eine Niederlage gegenüber. Wie soll man die vielen Erfolge erklären? Sicher hängen sie mit einer Begegnung zusammen, die er bei Beginn des Feldzugs hatte. Plötzlich stand ein Mann mit gezogenem Schwert vor ihm. Er gehörte weder zu seinen Soldaten noch zu den Feinden, sondern es war der Oberbefehlshaber über das Heer des Herrn, seines Gottes. Sein Herr war mit ihm. Deshalb wußte Hosea auch stets, daß nicht er es war, der siegte. Schon in jungen Jahren, bei der ersten von ihm geführten Schlacht, mußte er lernen, wovon der Sieg abhing: von den Gebeten des Mannes, dessen Diener er damals war. Er blieb übrigens sein Diener, bis er bei dessen Tod als sein Nachfolger eingesetzt wurde.

Vieles hatte er, der Diener, von seinem menschlichen Herrn gelernt. Sicher auch das Beten. Daß die Sonne fast einen Tag stillstand auf das Gebet eines Mannes hin – wo hätte es das zuvor oder danach noch einmal gegeben. Gott hatte ihm viele Verheißungen gegeben. Mehrmals sagt er ihm direkt: »Sei tapfer und entschlossen«. Als er am Ende seines Lebens Bilanz zieht, kann er feststellen: »Gott ließ nichts unerfüllt, was er zugesagt hatte. All das Gute, das er versprochen hat, ist tatsächlich eingetroffen.« Und daraus zieht er den Schluß: »Ich aber und mein Haus, wir wollen dem Herrn dienen.«

2 Diesmal suchen wir eine berühmte und verehrte, aber doch tragische Gestalt. Er brachte gute Voraussetzungen für das hohe Amt mit, mit dem Gott ihn betraute: Er war schön, groß und bescheiden. So bescheiden, daß er sich versteckt hielt und man ihn erst suchen mußte, als er zum ersten Mal im Mittelpunkt des Interesses stand. Seine Frau hieß Ahinoam, und er hatte drei Söhne und zwei Töchter.

Zu zwei Menschen hatte er eine ganz besondere Beziehung. Der eine war so etwas wie ein geistlicher Vater für ihn. Er salbte ihn zu einem besonderen Dienst, und er war in allen entscheidenden Situationen seines Lebens bei ihm. Als er einmal in einer ganz ausweglosen Situation war, meinte er, den Rat seines – unterdessen verstorbenen – Freundes und Beraters dringend zu brauchen. So versuchte er, mit dem Toten in Verbindung zu treten. – Der andere wurde später sein Nachfolger. Der junge Mann war ihm treu ergeben und hat nie etwas gegen ihn gesagt oder getan. Aber der Gesuchte ahnte oder wußte sogar, daß der Jüngere der bessere Mann war. So entwickelte er eine Haßliebe zu ihm. Mehrmals versuchte er, ihn ums Leben zu bringen.

Im Kampf gegen die Feinde seines Volkes hatte er anfangs große Erfolge. Doch bald machten sich seine Schwächen bemerkbar, die sich schließlich verhängnisvoll auswirkten. Einmal sagte er schnell entschlossen vor allem Volk etwas, ohne die Konsequenzen bedacht zu haben. Diese Konsequenzen hätten für einen seiner Söhne den Tod bedeutet. Als er das merkte, ließ er sich bereden, und sein Sohn blieb am Leben. Ein anderes Beispiel: Er hatte allen seinen Untertanen verboten, die Zukunft nach der Art der Heiden erkunden zu wollen. In einer großen Notlage ging er jedoch selbst – verkleidet und im Gesicht unkenntlich gemacht – zu einer Wahrsagerin. Entscheidend war aber sein Ungehorsam gegen Gott in scheinbaren Kleinigkeiten. So wandte sich Gott von ihm. Es ging bergab. Sein Leben endete durch Selbstmord – oder nach einer anderen Lesart: durch einen Selbstmordversuch und den Gnadenstoß eines Ausländers.

Der bekannteste Ausspruch der gesuchten Person wird gern bei Hochzeiten als Ausdruck ehelicher Liebe und Treue zitiert. Dabei stammt er von einer Frau und gilt einer Frau. Mit der hier angesprochenen Frau zieht sie – verwitwet wie jene – in ein ihr fremdes Land. Dort wird sie zunächst als Ausländerin mißachtet. Um der größten Not zu entgehen, muß sie das aufsammeln, was andere nicht mehr als des Bückens wert ansahen. **3**

Ihre Schwiegermutter – sie war es, mit der sie in jenes Land zog – hieß »die Liebliche«. Nun, nach dem Tode des Mannes und beider Söhne wollte sie am liebsten »die Bittere« heißen. Ihre eine Schwiegertochter – um die es hier geht – war ihr einziger Trost. Sie wollte bis zum Tod bei ihr bleiben und zog so mit ihr nach Bethlehem. Dort wendeten sich die Dinge zum Positiven. Ein wohlhabender Verwandter der »Bitteren« fand Gefallen an ihrer Schwiegertochter. Die – nun schon nicht mehr ganz so Bittere – sah hierin Gottes Fügung, denn der Verwandte war einer derjenigen, die nach israelischem Gesetz zur Schwagerehe mit der Witwe ihres verstorbenen Sohnes vorgesehen waren. Und so kam es denn auch zur Hochzeit. Bald wurde ein Sohn geboren – zur Freude der Mutter, aber zur noch größeren Freude der Großmutter.

Obed – so der Name des Sohnes – wurde zum Großvater eines berühmten israelitischen Königs. Doch zu raten ist der Name von Obeds Mutter. Nach ihr ist ein Buch der Bibel benannt, obwohl sie in diesem Buch nicht unbedingt die Hauptperson ist. Entscheidend aber ist ihr Vorbild an Liebe, an wirklicher Demut und an Treue. Sie wurde auch zur Stammutter Jesu.

Zusatzfragen:
Wie heißt ihr Mann, der Vater des Obed?
Wie heißt der am Anfang erwähnte Ausspruch?

4 Wie groß ist mein Gott? Es ist äußerst wichtig für unseren Glauben, daß wir Gott in unserer Vorstellung nicht begrenzen. Der hier beschriebene Mann kann uns als Beispiel dienen für jemanden, der ein zu kleines Gottesbild hat. Deshalb ist dieser so tapfere und sympathische Mann eine tragische Gestalt. Schuld an der Tragik seines Lebens haben sicher auch andere, seine Halbbrüder vielleicht, die ihn schon in jungen Jahren verstoßen, weil seine Mutter eine Dirne ist. So wächst er einsam auf, skeptisch gegen andere. Und wer zu seiner eigenen Familie kein rechtes Vertrauen aufbauen kann, wie soll er es Gott gegenüber tun? Nur ein riesengroßes Vertrauen zu dem Gott, der alle unsere Fehler vergibt, hätte ihn retten können. Tragisch ist auch, daß er niemanden hat, der ihm ein Vorbild im Glauben ist und ihn berät und korrigiert. Denn für das, was er meinte, tun zu müssen, würde er heute vor Gericht gestellt.

Er hat viele gute Eigenschaften. Er sucht keinen Streit. Er ist bereit, Verantwortung zu übernehmen, als man ihn darum bittet. Er appelliert an die politische Vernunft seiner Gegner und beweist dabei eine großartige Kenntnis der Geschichte seines Volkes. Als er dann doch in den Krieg zieht, tut er es durchaus in großem Gottvertrauen; und nach dem Sieg gibt er Gott die Ehre. – Auch von seiner Tochter läßt sich nur Gutes berichten. Sie ist ihrem Vater nicht nur gehorsam, sondern sie liebt ihn auch sehr, und sie versteht es, dieser Liebe Ausdruck zu verleihen. Sie ist sein einziges Kind, und auch er hängt in großer Liebe an ihr. Um so schwerer muß es ihm gefallen sein, das zu tun, was er meinte, tun zu müssen.

Bevor er in den Kampf zieht, legt er seinem Gott ein Gelübde ab. Wenn Gott ihm Sieg geben würde, wollte er das, was ihm als erstes aus der Tür seines Hauses entgegentritt, Gott zum Brandopfer geben. Doch statt des erwarteten Schafes, einer Ziege oder eines Rindes kommt ihm seine Tochter entgegen – tanzend und spielend aus Freude über den Sieg des Vaters. Und sie fügt sich auch hier gehorsam ihrem Vater. Natürlich wäre das Leben dieses Mannes auch tragisch und schuldbedeckt gewesen, wenn er seine Tochter verschont hätte. Doch Gott ist barmherzig. Hätte er nicht auch hier vergeben?

Wer bin ich? – Diese Frage stellt er sich einmal selbst, als er an einem Wendepunkt seines Lebens steht. Er ist skeptisch gegen sich selbst; und er traut sich die neue und große Aufgabe nicht zu, um die es jetzt geht. Er hat Grund zur Skepsis; denn er hat schon einmal ebendiese große Aufgabe anpacken wollen, und alles ging schief. Er hat dabei mehr verspielt als die Aufgabe: Er wurde zum Mörder. Nur durch die Flucht konnte er sich der Verurteilung entziehen. Ein Drittel seines langen Lebens hat er danach als Flüchtling bei harter, ungewohnter Arbeit verbracht. Und nun – er ist nach unseren Maßstäben ein wirklich alter Mann – nun soll er noch einmal diese große Aufgabe angehen? Er tut es – jedoch nicht im Vertrauen auf sich selbst. Das letzte Drittel seines Lebens füllt diese Aufgabe aus. **5**

Über Geburt und Kindheit liegen Geheimnisse. In den ersten Monaten seines Lebens durchleidet er eine lebensbedrohende Gefahr. Darauf spielt auch sein Name an. Er genießt eine fürstliche Erziehung und lernt dabei sicher viel von der hohen Kultur jenes Landes. Dieses Wissen kommt ihm im letzten Drittel seines Lebens wieder zugute. Und doch bleibt er an jenem Fürstenhof stets ein Fremder, denn er ist nicht zum Fürsten des Landes bestimmt. Er weiß von einer anderen Berufung. Der menschliche – und daher falsche – Eifer um diese andere Berufung treibt ihn dann zu dem bereits erwähnten Mord.

40 Jahre lang lebt er nach dem Mord als Hirte in der Wüste. Er heiratet in dieser Zeit und hat zwei Söhne. Schließlich beruft Gott ihn dazu, sein Volk in die Freiheit zu führen. So ist er 40 weitere lange Jahre mit dem Volk unterwegs – wieder in der Wüste, die er kennt. Hier kann er die Erfahrungen seines zweiten Lebensdrittels verwerten. Doch das Ziel, die neue Heimat, erreicht er nicht mehr. Von einem hohen Berg aus darf er das Land sehen. Und dort auf dem Berg ruft Gott ihn heim und begräbt den 120jährigen selbst. – Was ist er? Fürst? Hirte? Wundertäter? Heerführer? Prophet? Diplomat? Religionsstifter? Beter? Volksführer? Gesetzeslehrer? Zu allem können wir ja sagen. Vor allem aber ist er ein Mensch, von dem es heißt: »Der Herr (Gott) redete mit ihm von Angesicht zu Angesicht, wie ein Mann mit seinem Freunde redet.«

6 Er ist ein großer Prophet, aber er ist noch mehr: ein Eiferer für Gott, ein Politiker, ein Heiler. Vor allem aber ist er immer ein selbstloser Helfer der Menschen in Not. Das fällt bei ihm besonders auf: Keine Schwierigkeit, keine Notlage scheint ihn in Verlegenheit bringen zu können. Wie selbstverständlich, ohne viel Aufhebens, rettet er Menschen vor dem Verhungern oder hilft ihnen in anderen Nöten. Sein Vertrauen zu Gott ist wirklich riesengroß. Woher mag es kommen? Bei einer Gelegenheit wird das deutlich: Sein Diener ist voller Angst, weil er die Stadt auf allen Seiten von Feinden umgeben sieht. Aber der Prophet bleibt ruhig. Er sieht den Berg, auf dem die Stadt liegt, voller Pferde und Streitwagen aus Feuer, und er sagt: »Hab keine Angst, auf unserer Seite sind mehr als auf ihrer Seite.« Der Prophet blickt also in die sonst verborgene Welt Gottes.

Von Haus aus ist er ein reicher Bauer. Doch er verläßt seinen Besitz, als ihn der Mann zu seinem Diener beruft, dessen Nachfolger er später wird. Von diesem hat er sicher viel gelernt. Nach seinem Verschwinden geht er jedenfalls mit derselben Sicherheit trockenen Fußes durch den Jordan, wie er es zuvor bei seinem Meister erlebt hat. Seine Bitte, den Auftrag seines Meisters weiterführen zu dürfen, gewährt ihm Gott. Und nun setzt eine Fülle von Wundertaten und Prophezeiungen ein: Er macht Wasser wieder genießbar und hilft, eine verlorene Axt zu finden. Er verheißt einer Frau einen Sohn und erweckt diesen wieder zum Leben, als er jung stirbt. Er rettet eine Witwe vor dem Verhungern und ein ganzes Heer vor dem Verdursten.

Seine vielleicht schönste Tat: Er schafft Frieden zwischen Syrien und Israel, indem er die Syrer beschämt und den israelischen König davor bewahrt, die Situation in falscher Weise auszunutzen. Als er einen syrischen Heerführer vom Aussatz heilt, wird etwas anderes deutlich: Er lehnt jeden Dank ab und gibt alle Ehre seinem großen Gott. Daß der heidnische Heerführer dann zu dem wahren Gott betet, ist wohl ein größeres Wunder als die Heilung vom Aussatz. Wen wundert es, daß sein Wirken noch über seinen Tod hinausreicht! Als man einen Verstorbenen zu ihm ins Felsengrab legt, wird dieser wieder lebendig.

Diese Frau wurde 127 Jahre alt. Sie war sehr schön – das wird mehrmals betont – und noch in hohem Alter von anderen Männern begehrt. Gott bewahrte sie mehrmals im Leben vor der Gefahr, Frau eines anderen Mannes zu werden. Sie kam nicht aus eigenem Verschulden in diese Gefahr. Ihr sonst so untadeliger Ehemann ist es, der aus Angst um sein Leben Halbwahrheiten verbreitet und von ihr das Gleiche verlangt. Sie tat, was er verlangte, trotz der Gefahr; denn als Ehemann war er zugleich ihr Herr und Gebieter. Ein Schicksal teilt sie mit mancher anderen Frau in der Bibel: Viele Jahre konnte sie keine Kinder bekommen. **7**

Diese Kinderlosigkeit wurde ihr zur Anfechtung. Gott hatte ihrem um 10 Jahre älteren Mann einen Sohn verheißen. Aber als sie beide alt wurden, sah sie sich doch in ihrer Hoffnung getäuscht. Schließlich griff sie zu einem Trick, der damals allerdings erlaubt war – so anstößig er uns auch erscheinen mag. Sie nahm ihre Magd und gab sie ihrem Mann zur Frau. Es kam, wie es kommen mußte: Nun war zwar ein Kind im Haus, aber mit ihm trat der Unfriede ein. Eifersucht und Neid zwischen ihr und der Magd machten sich breit. Sie sah wohl, daß dies der falsche Weg gewesen war. Doch als ihr nach weiteren 14 Jahren ein eigener Sohn verheißen wurde, da konnte sie darüber nur lachen.

Sie war 90, als dieser Sohn dann schließlich geboren wurde. Sie nannte ihn »Lachsohn«, denn er erinnerte sie daran, daß Gott ihren lachenden Unglauben überwunden hatte. Sie brachte ihn in dem Land zur Welt, in das sie als junge Frau mit ihrem Mann gezogen war. Gott hatte sie beide mit ihrem Neffen, allen Knechten und Mägden und vielem Vieh in die Fremde geschickt. Sie waren gehorsam gewesen, und Gott hatte alles gut werden lassen. Sie waren bewahrt geblieben und noch reicher geworden, obwohl sie keine Handbreit Land in der neuen Heimat besaßen. Ihr Begräbnisplatz war das erste Land, das der Witwer für viel Geld erstand.

8 Er starb im Alter von 110 Jahren und wurde sorgfältig bestattet. Doch die endgültige Ruhestätte sollten seine Gebeine erst nach einigen Jahrhunderten finden. Die Ehre, die ihm bei und nach seinem Tode zuteil wurde, war verdient. Doch nicht in allen seinen Lebensabschnitten war das vorauszusehen.

Von seinen Verwandten verstoßen, kam er als Sklave in ein fremdes Land und dort für unbestimmte Zeit ins Gefängnis. Im Alter von 30 Jahren hatte er jedoch alle Stufen des Ruhmes erklommen. Der Herrscher jenes Landes – der einzige Mensch, der noch über ihm stand – gab ihm den Namen Zafenat-Paneach; und er verkündete, daß niemand im ganzen Land auch nur eine Hand oder einen Fuß ohne Zafenat-Paneachs Erlaubnis bewegen dürfte. Mit solchen Vollmachten ausgerüstet, stellte er einen Sieben-Jahres-Plan auf, der dem ganzen Land helfen sollte. Das tat er auch. Doch den größten Gewinn hatte der Herrscher davon. Nach weiteren sieben Jahren gehörten alle Felder des Landes ihm, und alle Bewohner waren seine Sklaven. Dafür hatte Zafenat-Paneach gesorgt.

Doch das war nicht das Wichtigste in seinem Leben. Entscheidend war das Wiedersehen mit seinen Brüdern, die ihn einst verstoßen hatten. Entscheidend war auch die Wiederbegegnung mit seinem alten Vater, der ihn noch immer so sehr liebte. In allen guten und bösen Erfahrungen seines Lebens konnte er schließlich Gottes gnädige Hand sehen. Er konnte seinen Brüdern verzeihen, und er sagte: »Ihr hattet Böses mit mir vor, aber er (Gott) hat es zum Guten gewendet; denn er wollte auf diese Weise vielen Menschen das Leben retten.«

»Speise geht aus von dem Fresser und Süßigkeit von dem Starken.« – Wem dieses Rätsel bekannt vorkommt, der erinnert sich vielleicht auch noch an die Lösung: »Was ist süßer als Honig? Was ist stärker als der Löwe?« Vielleicht fällt ihm dann auch das merkwürdige Trinkgelage ein, bei dem unser Rätsel innerhalb von sieben Tagen gegen eine gute Belohnung erraten werden sollte. Welcher Mann hat es ausgesprochen? Sein Leben ist reich an aufsehenerregenden Vorfällen und gerade deshalb schwer zu beurteilen. Bei allem Unverständlichen müssen wir bedenken, daß der Gesuchte in einer schwierigen Bewährungszeit des Volkes Israel lebt. Und er hat von Gott große Gaben erhalten. Er soll sie für die Verteidigung des Volkes einsetzen, was er auch tut. Aber er hat diese Gaben nicht geheiligt: Er wendet seine Kräfte an, indem er natürlichen Trieben folgt. **9**

Daß er wirklich von Gott zu einem besonderen Dienst ausersehen ist, wird schon vor seiner Geburt deutlich. Ein Engel kündigt einem kinderlos gebliebenen Ehepaar die Geburt eines Sohnes an. Er gibt Verhaltensmaßregeln für die Mutter und eine klare Prophezeiung für den Sohn. Dann erleben wir, wie der junge Mann seine von Gott verliehene Stärke in provozierender Weise gegen die Feinde des Volkes anwendet. Aber Gott bekennt sich stets zu ihm. – Zum Verhängnis werden ihm die Frauen. Von dreien wird uns berichtet. Sie sind alle nicht aus seinem Volk und stehen deshalb schnell auf der Seite seiner Feinde.

Nach vielem Drängen verrät er einer dieser Frauen das Geheimnis seiner Kraft: Sein Haar darf nie geschnitten werden. Und das ist der Anfang vom Ende. Seines Augenlichts beraubt, muß er im Gefängnis die Mühle drehen. Doch sterbend erlebt er noch einen Triumph seiner Kraft: Er läßt das Haus einstürzen, auf dessen Dach allein 3000 seiner Feinde ihren Sieg feiern. – Zum Schluß noch einige weitere Krafttaten dieses Mannes in Stichworten: Er zerreißt einen Löwen mit bloßen Händen; 1000 Männer erschlägt er mit einem Eselskinnbacken; Stricke, mit denen er gefesselt ist, zerreißt er wie Strohhalme; er reißt das Stadttor in Gaza aus seiner Verankerung und schleppt es auf einen Berg.

10 Vielleicht trifft der Ausdruck des Paulus »gerettet wie durch's Feuer« (1. Kor. 3,15) auf ihn zu. Denn er begegnet uns als ständiger Mitläufer, als einer also, dessen Glauben nicht eigenständig ist. Er liebt Gott – das betont Petrus, der ihn einen Gerechten nennt. Er liebt aber auch die Welt und ihre Reichtümer. Als er vor der Wahl steht, entscheidet er sich für das fruchtbare und wasserreiche, aber eben seinem Glauben feindliche Land. Doch merkwürdig: Reicher wird der andere, der das wasserarme Land nehmen mußte. Der Vater des Gesuchten ist früh gestorben, und so verbringt dieser seine Jugend in der Obhut seines Großvaters. Später ist es dann sein Onkel, der sich immer wieder fürsorglich um ihn kümmert.

Dieser Onkel rettet ihm im Grunde zweimal das Leben, als er – mitgegangen, mitgefangen – miterlebt, wie das Gericht über seine gottlosen Nachbarn hereinbricht. Wäre er doch dort geblieben, wo er zunächst nur hinwollte, nämlich in die Nähe jener Städte. Aber die Bequemlichkeiten des Stadtlebens locken sehr, und bald hat er ein Haus in der Stadt. Wie muß er gelitten haben in dieser ungläubigen Stadt! Seine Frau und seine Töchter lassen sich offenbar anstecken von allem Negativen dort. Doch von ihm heißt es, er sei gerecht. Er übt Gastfreundschaft, und er schützt seine Gäste.

Das Ende seines Lebens ist dunkel. Jetzt fehlt ihm der Onkel, mit dem er in jungen Jahren eine weite Reise gemacht hat. Es fehlt ihm der Onkel, der ihm stets ein Vorbild im Glauben war. So muß er allein fliehen – nur mit Frau und Töchtern. Doch seine Frau stirbt unterwegs aus Ungehorsam – und wird zur Salzsäule. Er haust dann mit seinen Töchtern in einer Höhle. Beide haben ihren Verlobten verloren. Weil sie ohne Männer sind, lassen sich die Töchter zu einer bösen Sünde verleiten. Von ihrem hier gesuchten Vater hören wir nichts mehr.

Seinen vielleicht schönsten Satz wollen wir an den Anfang stellen: »Herr, ich bin zu gering aller Barmherzigkeit und aller Treue, die du an deinem Knechte getan hast.« Hier spricht ein Mann, der erfahren hat: Alles ist Gnade. Gott ist mit ihm zum Ziel gekommen. Das ist berichtenswert, denn über viele Jahre sah sein Leben ganz anders aus. So steht am Anfang seiner Geschichte die Tatsache, daß er sich für einen anderen ausgibt. Es dauert lange, bis er lernt, daß ihm all seine List letztlich nichts einbringt. Interessant ist, daß Gott ihn oft ermutigt, während keine einzige Ermahnung berichtet wird. Trotzdem war sein Leben nicht leicht. Im Alter ist er ein hochgeehrter und glücklicher Vater. Er stirbt zwar im fremden Land, doch im hohen Alter, und sein Herz ist voller Dank gegen Gott.

Was der Mensch sät, das wird er ernten – die Wahrheit dieses Satzes muß er an sich selbst immer wieder erfahren. Wenn er seinen Vater betrügt, so wird er einige Zeit später genauso entscheidend betrogen. Wenn er uneins mit seinem Zwillingsbruder ist, so muß er später erleben, wie seine Söhne uneins sind. Dabei hätte er all die trickreichen Versuche, den Segen Gottes zu erschleichen, nicht nötig gehabt. Denn dieser Segen war ihm sicher. Der Wendepunkt in seinem Leben ist wohl jener nächtliche Kampf, aus dem er zwar angeschlagen, doch glücklich und mit einer neuen Sicht hervorgeht.

Seine zwölf Söhne sind ihm nicht alle gleich lieb. Freilich: Manche machen ihm wirklich großen Kummer. Und ausgerechnet der, der ihm der liebste war, wird ihm – scheinbar für immer – genommen. Als ihm im Alter seine anderen Söhne schließlich berichten, daß der Bruder doch noch lebt, da kann er das zunächst gar nicht glauben. – Von den vier Müttern seiner Söhne sind zwei seine Ehefrauen. Die beiden anderen sind die Mägde dieser Frauen. Wieviele Töchter er hat, wissen wir nicht. Eine Tochter hat er bestimmt, denn von ihr wird berichtet. – Die besondere Güte Gottes erlebt er noch einmal während einer großen Hungersnot. Gott hat alles so wunderbar gelenkt, daß niemand in seiner großen Familie hungern muß. Im Gegenteil: Er zieht nach Ägypten und lebt dort gut und in großer Ehre. Kurz vor seinem Tod schenkt ihm Gott die Gabe der Prophetie. Für jeden seiner Söhne hat er einen besonderen prophetischen Segenswunsch. Bald danach stirbt er.

12 Zugegeben: Manches mag uns nicht gefallen in der Biographie dieses Mannes. Und doch war er ein Mann, den Gott besonders gebrauchte. Wir müssen unsere ethischen Maßstäbe ein Stück beiseite legen, wenn wir diesen Mann betrachten. Er lebt in einer Zeit, in der das Volk Israel seinen Glauben inmitten einer heidnischen Umwelt bewähren sollte. Um zwei recht anstößige Punkte im Leben des Gesuchten gleich zu nennen: Vielweiberei (von seinen vielen Frauen hatte er 70 Söhne) und unverständliche Grausamkeit gegen seine Feinde. Natürlich entspricht beides nicht Gottes Geboten. Aus Bösem kann nie etwas Gutes entstehen. Das zeigt auch hier die weitere Geschichte: Einer seiner vielen Söhne tötet alle anderen bis auf einen.

Nun aber zum Positiven: Der Gesuchte wollte Gottes Willen für sein Leben genau wissen. Als ein Engel Gottes ihn zur Befreiung des Volkes von den Midianitern aufruft, bittet er Gott um ein Zeichen. Am nächsten Morgen ist tatsächlich nur Tau auf der ausgelegten Wolle. Der Boden rundherum ist trocken. Doch er bittet Gott noch einmal um ein Zeichen; diesmal soll es umgekehrt sein. Tatsächlich ist am nächsten Morgen der Boden voller Tau, die Wolle dagegen ist trocken. Jetzt ist er ganz sicher. Mutig ruft er sein Volk zusammen und zieht in den Krieg. Als Gott ihm klarmacht, daß er zu viele Krieger habe, schickt er alle Ängstlichen nach Hause. Mit nur 300 Leuten erringt er seinen größten Sieg.

Nun bleibt noch zweierlei zu berichten: etwas Positives und etwas Negatives. Das Positive zuerst: Das Volk Israel ist so glücklich über seinen Sieg, daß sie dem Gesuchten die Königswürde anbieten. Doch er lehnt ab: »Der Herr soll über euch herrschen.« Aber so ganz kann er der Versuchung auf einen Lohn doch nicht widerstehen. So erbittet er sich von den Israeliten alle beim Kampf erbeuteten goldenen Ohrringe. Und damit kommen wir zum Negativen: Aus dem Gold, das zusammenkommt – es sind fast 20 Kilo – macht er ein Gottesbild. Und die Israeliten tun das, was sie bei ihren Feinden gesehen haben: Sie kommen und beten das Bild an. Sie treiben Götzendienst mit dem goldenen Gottesbild.

Man könnte ihn als einen erfolgreichen Evangelisten bezeichnen, **13** wenn – ja wenn er nicht selbst Probleme mit den verschiedenen Eigenschaften Gottes gehabt hätte. Gerecht war Gott, o ja, aber konnte er dann auch gnädig und barmherzig sein, ohne sich selbst zu widersprechen? Trotz seiner starken persönlichen Erfahrung mit dem gnädigen Gott behielt er hier lähmende Zweifel. Aber ein erfolgreicher Bußprediger war er, das steht fest.

Er war aber durchaus kein Haudegen Gottes, einer, der alles über einen Kamm scherte und nur Feuer und Schwefel predigte. Er war sensibel. Der Tod einer ihm liebgewordenen Pflanze konnte ihm beispielsweise so nahe gehen, daß er sich den Tod herbeiwünschte. Und in einer wirklich schwierigen Situation konnte er beten: »Ich dachte, ich wäre von deinen Augen verstoßen, ich würde deinen heiligen Tempel nicht mehr sehen . . . Aber du hast mein Leben aus dem Verderben geführt, Herr, mein Gott.« Und doch bleibt als trauriges Fazit seines Lebens der unglückliche Versuch, den Segen Gottes – des Gottes, der die Welt liebt – zu begrenzen auf seinen eigenen kleinen Vorstellungskreis.

Er hatte wohl immer Probleme mit Gott – oder besser: Gott hatte Probleme mit ihm. Sagte Gott: »Osten!«, so sagte er: »Westen!«. Und er ließ sich die Wahl des Westens etwas kosten. Gott – der gnädige Gott – ging ihm nach. Er erreichte ihn im Sturm auf hoher See, doch der Mann auf der Flucht vor Gott schlief. Erst als der Kapitän ihn wecken ließ, begriff er die Situation. Er erkannte seinen Ungehorsam und bekannte sich zum lebendigen Gott. Dann ließ er sich ins Meer werfen, um die Gefahr für das Schiff abzuwenden. Und was tat Gott – der gnädige Gott? Er hatte einen Fisch zu seiner Rettung bereit.

14 Er ist uns ein Vorbild in vielem – und er ist uns eine Warnung. Erschreckt fragen wir, wenn wir sein Leben betrachten: Wie kann jemand mit einem so positiven Start am Ende auf einer geistlich niedrigeren Stufe stehen als am Anfang? Wir können Positives und Negatives bei ihm sehen. Beides ist wohl von Anfang an da. Aber das Negative in ihm ist wohl um so mehr gewachsen, je älter er wurde. Er ist ein Mann mit einer wirklich großen Gotteserkenntnis: »Siehe, der Himmel und aller Himmel Himmel können dich nicht fassen,« sagt er zu Gott. Und derselbe Mann läßt seinen Bruder und vermeintlichen Rivalen einfach töten. Als wüßte er, der als »weiser als alle Menschen« bezeichnet wird, nicht, daß er seine Herrschaft nur Gott verdankt und nur dank der Güte Gottes Bestand hat.

Er war weise, weil er Gott darum bat. Was für ein großartiges Vorbild für uns: nicht um ein langes Leben und Reichtum zu bitten, sondern um ein weises und verständiges Herz. Sein bekanntes Urteil im Streit zweier Frauen um ein Kind zeigt diese Weisheit. Von weit her kommt schließlich eine Königin, weil sie von seiner großen Weisheit gehört hat. Und sie bekennt, daß sie nicht enttäuscht wurde. Und doch müssen wir auch wieder von anderen Seiten seines Wesens berichten. Er hatte viele – nein, sehr viele Frauen; und zu einem großen Teil waren es solche aus fremden Religionen.

Diese Frauen sind es schließlich, die sein Herz vom lebendigen Gott wegziehen hin zu den Götzen. Sein Tempelbau, seine Weisheit (drei Bücher enthält die Bibel, die auf ihn zurückgehen) – das alles kann ihm nicht mehr helfen. Gott beschließt, ihm das Königreich zu entreißen; und es kommt nach seinem Tod zur Teilung des Reiches. – Noch einmal: Wie sollen wir das verstehen? Vielleicht kann uns diese Beobachtung helfen: Seine drei Bücher sind voll von Weisheit, Ratschlägen und Warnungen. Sie zeigen auch Kummer und Leid auf als Folge von Sünde. Aber von Reue und Buße ist nirgendwo die Rede. Hätte er – wie sein großer Vater – einen Psalm wie den 51. geschrieben, sicher wäre sein Leben anders verlaufen.

Es ist von einem Mann zu berichten, der an Wohlstand und Ansehen viele übertraf, sehr viele sogar. Sein Reichtum war absolut ehrlich erworben; und er machte ihn nicht hochmütig. So war sein Leben in jeder Weise gesegnet. Von 14 Söhnen und sechs Töchtern ist die Rede. Doch nur die letzten drei Töchter sind uns mit Namen bekannt: Jemima, Kezia und Keren-Happuch – auf deutsch: Täubchen, Zimmerblüte und Schminktöpfchen. Er starb nach einem sehr langen Leben »alt und lebenssatt«. Es gab jedoch eine große Krise in seinem Leben. **15**

Diese Krise ist es, die ihn für uns interessant – nein, wichtig macht. Denn er stellt Fragen, mit denen auch wir uns auseinandersetzen. Warum – so fragt er immer wieder. Warum blieb ich nicht ungeboren? Warum hat meine Mutter mich großgezogen? – Und warum gibt Gott den Menschen Licht und Leben? Dahinter steht die Frage nach dem Sinn des Leides, die er als Betroffener diskutiert. Ist das Leid wirklich nur eine Strafe für begangene Sünden – wie seine Freunde behaupten? Geht es den wirklich guten Menschen stets gut, den Sündern dagegen schlecht? Er wehrt sich entschieden gegen diese Behauptungen seiner Freunde und stößt so durch zu einem größeren und weiteren Bild von Gott. Er vertraut Gott über das Leid hinaus. Deshalb wagt er es schließlich, seine Fragen Gott selbst zu stellen – oder genauer: sie ihm entgegenzuschleudern. Gott antwortet ihm; und das stellt ihn zufrieden, obwohl er nicht Antwort auf alle seine Fragen erhält.

Was er nicht weiß – wir aber in der Rahmenerzählung seiner Geschichte erfahren – ist der Grund für sein Leiden: In der himmlischen Ratsversammlung spricht Gott mit Satan über den von uns Gesuchten. Gott sieht in ihm das Musterbeispiel eines frommen Menschen. Satan bezweifelt das und behauptet, er lebe nur so fromm, weil Gott ihn so segne. Daraufhin erlaubt Gott Satan, Hand an ihn zu legen. Nur sein Leben soll er schonen. Und so geschieht denn, was uns so erschreckt. Alles Hab und Gut, alle Söhne und Töchter verliert der Gesuchte an einem Tag. Er findet sich wieder in einem Aschenhaufen sitzend, übersät von eiternden Geschwüren. Doch am Schluß seiner Geschichte segnet Gott ihn aufs Neue mit Söhnen, Töchtern und Besitz – mehr als vorher.

16 Ein Volk ist selten besser als seine Führer. Deshalb ist es schlimm, wenn jemand 40 Jahre Richter und Hoherpriester im Land ist und dabei seinem Amt nicht gerecht wird. Das Volk Israel hätte in dieser Zeit des Verfalls der Sitten und der Frömmigkeit einen starken Führer gebraucht. Aber der hier gesuchte Richter und Priester ist schwach. Er findet weder Kraft zur Erziehung seiner Kinder noch zur rechten geistlichen Beurteilung der Menschen um ihn. Ja, nicht einmal zur Buße findet er Kraft, als Gott ihm seine Schuld klarmacht.

Für ihn selbst muß das am schlimmsten gewesen sein. Denn er wußte wohl, was seine beiden Söhne Hophni und Pinehas taten.Sie übten beide das Priesteramt aus und begnügten sich dabei nicht mit den ihnen zustehenden Anteilen an den Schlachtopfern. Sie nahmen sich vom Fleisch, was sie wollten. Der Vater sagte ihnen zwar, daß dies nicht recht sei, aber er setzte sich nicht durch. Von seinen Söhnen entfremdet, lebte er recht einsam im Haus des Herrn. Sein einziger Lichtblick war ein Junge, der seit dessen früher Kindheit bei ihm lebte. Dessen Mutter war schon vor der Geburt des Jungen im Tempel gewesen, um Gott um ein Kind anzuflehen. Der alte Priester sah, wie sie beim stillen Beten die Lippen bewegte und hielt sie für betrunken. Als er dann den Zusammenhang begriff, segnete er die junge Frau und sagte ihr die Erhörung ihres Gebetes zu. Der Sohn dieser Frau lebte nun mit dem alten Priester im Tempel und lernte von ihm.

Dieser Junge – er heißt Samuel – war auch einer derjenigen, durch den Gott den alten Priester warnen ließ. Von ihm und einem anderen Propheten erfuhr er, daß seine beiden Söhne an einem Tag sterben sollten. So geschah es. Im Kampf gegen die Philister starben beide, und die Bundeslade geriet in die Hände der Feinde. Als der alte Priester das erfuhr, fiel er – 98 Jahre alt – von seinem Schemel und starb.

Gesucht wird ein Haudegen. Mit 400 Leuten überfiel er ein gan- **17**
zes Heer, und nur 400 der Feinde konnten mit Not entkommen. – Gesucht wird ein Mann, der in der Menschenführung begabt war. Schon in seiner Jugend gibt einer seiner Freunde folgendes Zeugnis über ihn: »Er versteht, zur rechten Zeit das rechte Wort zu sagen.«

Ein Übermensch? Nein! Er hatte auch seine dunklen Zeiten und Seiten. »Ich bin so müde vom Seufzen«, sagte er einmal. Für eine lange Zeit fühlte er sich immer als Flüchtling. Und er, der sonst so Gefeierte, mußte es erleben, daß ein Mann ihn ungestraft mit Steinen bewarf und »Zum Teufel mit dir, du Mörder, du Verbrecher!« schrie. Seinen eigenen Söhnen gegenüber, auch das muß gesagt werden, war er nicht immer konsequent genug. Er war übrigens auch Dichter und schrieb viele Lieder. Manche davon lernen wir noch heute gern auswendig.

Natürlich war er ein großer Herrscher, und sein Volk liebte ihn sehr. So sehr, daß drei seiner Getreuen Trinkwasser für ihn aus einem weit entfernten Brunnen holten, der zu der Zeit in Feindeshand war. (Nebenbei gesagt: Als sie es brachten, war unser Mann so beeindruckt, daß er das Wasser nicht trank, sondern es als Trankopfer für den Herrn ausgoß.) – Als er noch ein junger, unbekannter Hirte war – so wird von ihm berichtet – war er schön und mutig. Sein Mut verband sich mit einem Glauben, der wirklich riesengroß war. Jedenfalls kämpfte er im Vertrauen auf Gott gegen einen leibhaftigen Riesen und besiegte ihn im ersten Anlauf.

18 Acht Träger seines Namens begegnen uns im Alten Testament. Doch sieben davon werden nur am Rande erwähnt. Der hier Gesuchte allein ist es, den wir mit seinem Namen »Der Herr ist erhaben« (so die Übersetzung) verbinden. Er lebte im 7. und 6. Jahrhundert vor Christus. Sein Vater hieß Hilkia und war Priester. Er hatte einen schweren Auftrag zu erfüllen, einen Auftrag, für den Gott ihn schon vor der Geburt bestimmt hatte. Diesem Auftrag war er stets treu. Freilich meinte er manchmal, er könnte nicht mehr weiter. Doch sein Herr gab ihm immer wieder Trost, Zuspruch und Kraft. Er erfüllte seinen Auftrag durch Predigten, durch Briefe und Bücher, durch symbolische Handlungen.

Eine dieser symbolischen Handlungen bestand darin, einen Akker außerhalb der Stadt zu kaufen. Die Stadt war von übermächtigen Feinden belagert, alles Land hatten sie bereits besetzt. Wie sollte da noch jemand so viel Hoffnung haben, Land zu kaufen? Doch »man wird wieder Häuser, Äcker und Weinberge kaufen in diesem Lande«, so verkündet der gesuchte Prophet im Namen Gottes. Der Ackerkauf unterstreicht diese Hoffnung deutlich. Den König erreichten die vom Propheten berichteten Warnungen schriftlich. Der Prophet hatte seinem Schreiber die Botschaft diktiert. Einige Minister sorgten dafür, daß die Buchrolle dem König vorgelesen wurde. Doch der schnitt von Zeit zu Zeit die gelesenen Stücke von der Rolle ab und warf sie ins Feuer.

Der Prophet ließ sich davon nicht entmutigen. Doch er mußte viel Ablehnung erfahren. Er klagte Gott sein Leid: »Ich Unglücklicher, warum hat meine Mutter mich geboren?« Doch bei Gott findet er wieder Kraft: »Herr, du hast mich überredet, und ich habe mich überreden lassen.« Und als er sich einmal vornahm, des Herrn Wort nicht mehr zu predigen, da – so sagt er – »brennt dein Wort in meinem Innern wie Feuer.« In der Kraft Gottes überstand er alle Angriffe der Menschen. Er wurde in eine Zisterne geworfen und – ausgerechnet von einem Ausländer – gerettet. Mehrere Mordanschläge wurden gegen ihn verübt. Einmal waren es die Bürger seines Heimatdorfes Anatot, die ihn umbringen wollten. Schließlich mußten alle einsehen, daß seine Warnungen stimmten. Jerusalem wurde eingenommen, die meisten Juden nach Babylon verschleppt. Dem Gesuchten wurde von den neuen Machthabern freigestellt, was er tun wollte. Er blieb zunächst in Jerusalem. Später wurde er von ebenfalls Zurückgebliebenen gezwungen, mit ihnen nach Ägypten zu ziehen.

Er war großzügig: Auf seine Kosten ließ er 150 und mehr Männer Tag für Tag verpflegen. Das bedeutete, daß täglich ein Rind, sechs ausgesuchte Schafe und viel Geflügel geschlachtet werden mußten. Und doch verzichtete er zwölf Jahre lang auf alle ihm eigentlich zustehenden Gegenleistungen. Gar nicht großzügig war er dagegen, wenn es sich um die Beachtung der von Gott gegebenen Gesetze handelte. Als er einige Juden entdeckte, die Frauen aus anderen Völkern geheiratet hatten, machte er ihnen schwere Vorwürfe. Er beschimpfte sie; einige schlug er und zerrte sie an den Haaren. **19**

Diese harte Reaktion wird nur verständlich, wenn wir wissen, worum es letztlich ging. All sein großartiger Einsatz geht auf eine besondere Not zurück. Als ihm diese deutlich wurde, fastete und betete er. Bald wurde ihm sein Auftrag in dieser Situation klar. Und nun handelte er verantwortlich. Er nahm Urlaub und begab sich auf eine weite Reise in die Provinz Judäa. Dort errichtete er in 52 Tagen mit der Hilfe vieler ein großes und wichtiges Bauwerk. Das ging nicht ohne ernste Anfeindungen ab. Doch er reagierte stets gelassen und fest. In all dem ist er uns ein großes Vorbild.

Beim Bauen war die Gefahr so groß, daß die Arbeiter oft die Maurerkelle in der einen und die Waffe in der anderen Hand halten mußten. Manchmal waren sie verzagt, und sie sangen:

> Der Schutt nimmt ja doch nie ein Ende,
> wir haben schon ganz lahme Hände!
> Wir sind viel zu müde und matt,
> zu bauen die Mauer der Stadt.

Aber die feste Zuversicht ihres Obersten half ihnen. Sie drückt sich auch in seinem bekanntesten Satz aus: »Die Freude am Herrn ist eure Stärke.«

20 Zwei Könige ließen ihn suchen. Der erste machte eine Staatsaktion daraus. Heute würden wir sagen: Er schaltete Interpol ein. Er ließ ihn auch in fremden Ländern suchen. Wurde ihm gesagt: »Er ist nicht hier!«, so ließ er sich das durch einen Eid des betreffenden Königs bestätigen. Dabei konnte man den Gesuchten kaum übersehen, denn er war auffällig gekleidet: Er trug einen Mantel aus Ziegenhaar. – Der andere König schickte 150 Soldaten los, um ihn zu suchen und ihn vor sich zu bringen. Nur 50 der Soldaten kehrten zurück. Der Gesuchte kam schließlich freiwillig. Beiden Königen trat er mutig gegenüber und sagte ihnen nichts Schmeichelhaftes.

Der gesuchte Prophet war ein einsamer Mann. Lange Zeit lebte er allein bei Wasser, Fleisch und Brot. Dann lebte er wieder eine Zeitlang mit zwei fremden Menschen zusammen. Wer einsam ist, kann Gott sehr nahe sein. Wer einsam ist, kann aber auch leicht in Depressionen fallen. Beides trifft bei dem gesuchten Propheten zu. Einmal hatte er sich so verausgabt und war so voller Angst, daß er betete: »Herr, ich kann nicht mehr! Laß mich sterben.« Doch Gott tröstete ihn in einer persönlichen Begegnung und gab ihm einen neuen Auftrag.

Welcher Gott ist der wahre? Jahwe oder Baal? Der Gesuchte empfand sich als der einzige noch übrige Prophet des wahren Gottes. Er läßt es auf den Beweis ankommen. In einem wahrhaft großen Glauben vertraut er seinem Gott und – Gott beweist sich. Unser Prophet allerdings läßt die Szene sehr blutreich enden.

»Keiner von allen Königen Judas ... vertraute so wie er dem 21
Herrn.« Dieses Lob der Bibel wollen wir diesem König voranstellen, der etwa 300 Jahre nach seinem Ahnherrn David über den südlichen Teil des Reiches herrschte. Um gleich weiter zu zitieren: »Er tat, was dem Herrn gefiel ... Er ließ die Opferstätten rings im Land zerstören, die geweihten Steinmale in Stücke schlagen und das Götzenbild der Aschera umstürzen.« Er »hielt sein Leben lang treu zum Herrn und befolgte seine Gebote.« Er war sehr reich und legte viele Schatzkammern an. Er ließ Vorratshäuser für Getreide, Wein und Olivenöl bauen sowie Ställe für das Vieh. Damit Jerusalem auch einc längere Belagerung überstehen konnte, ließ er die Gihon-Quelle draußen vor der Stadt abdecken. Durch einen unterirdischen Kanal leitete er das Wasser in die Stadt.

Der Prophet Jesaja war sein Zeitgenosse. Einmal kam Jesaja zu ihm, um ihn zu kritisieren. Zuvor hatte der König Gesandte aus Babylon empfangen. Um sich vor Babel groß und wichtig zu machen, hatte er den Gesandten alle seine Schätze gezeigt. Jesaja weissagte nun, daß alle diese Schätze einmal nach Babylon geschafft werden sollten. Eine schwere Zeit hatte der König, als die Assyrer unter ihrem König Sanherib Jerusalem belagerten. Sanherib setzte zunächst auf psychologische Kriegsführung und wollte den jüdischen König durch Drohbriefe einschüchtern. Aber als der König von den Drohungen erfuhr, ging er in den Tempel und brachte alles betend vor seinen Gott. Und der ließ ihm durch Jesaja nicht nur Trostworte sagen. Er sorgte auch dafür, daß die Feinde wieder abzogen.

Als der König einmal krank war, kam Jesaja zu ihm und verkündete ihm den baldigen Tod. Da drehte sich der König zur Wand und betete um Genesung. Jesaja kam bald zurück und teilte ihm mit, daß ihm der Herr noch 15 Lebensjahre schenken würde. Ein Pflaster aus gepreßten Feigen machte den König tatsächlich schnell gesund. In dieser letzten Zeit wurde ihm sein Sohn Manasse geschenkt, der nach ihm im Alter von 12 Jahren König wurde. Aber dieser Sohn tat dann immer wieder, »was dem Herrn mißfiel«. Hatte der alte König nicht mehr die Kraft, seinem Sohn eine gute Erziehung zu geben?

22 Sein großes Thema ist: Die sich in Gericht und Gnade offenbarende Gegenwart Gottes. Und dieses Thema verkündigt er auf verschiedenste Weisen: durch Predigt und Diskussionsrede, durch Gleichnis und Totenklage, durch Mahnung und prophetische Belehrung. Dabei dürfen wir die symbolischen Handlungen nicht vergessen. Wir wollen die vielleicht auffallendste – und sicher für ihn unangenehmste – nennen: Mehr als ein Jahr soll er nur auf der linken Seite liegen, danach 40 Tage auf der rechten Seite. Dabei darf er nur so wenig Nahrung zu sich nehmen, daß er nur mit Mühe überleben kann. Als Tagesration sind ihm etwas mehr als ein halber Liter Wasser und gut 300 Gramm selbstgebackenes Brot erlaubt. Bei anderer Gelegenheit befiehlt ihm Gott, eine Buchrolle zu essen, und obwohl in ihr lauter Klagen geschrieben sind, ist sie ihm im Mund doch »süß wie Honig.«

Busi heißt der Vater des hier gemeinten Priesters und Propheten. Der Gesuchte besitzt ein eigenes Haus. Er ist verheiratet, doch seine Frau stirbt plötzlich. Er lebt fern von Jerusalem – ja, er ist der erste Prophet, der außerhalb des Heiligen Landes berufen wird. Diese Berufung ist ein ganz besonderes Erlebnis. Die Herrlichkeit des Herrn erscheint ihm. Und obwohl diese Herrlichkeit ja von einem Menschen nicht zu erfassen ist, versucht er doch, möglichst genau Einzelheiten wiederzugeben. So lesen wir von Flügeln und Rädern und Augen und von einem »Getöse wie von einem großen Erdbeben.« – »Du Menschenkind, ich habe dich zum Wächter gesetzt«: das hört er, und daran hält er sich fortan.

Als Wächter hat er zunächst die mit ihm nach Babylon Verschleppten zu warnen: Sie werden nicht so schnell wieder nach Jerusalem zurückkehren können. So sagt er den Juden in Babylon zum Teil das Gleiche, was sein »Kollege« Jeremia im noch immer belagerten Jerusalem verkündigt: Gott wird das Gericht bis zum Ende durchführen. Jerusalem wird fallen. Zu groß sind die Sünden der Menschen. Doch danach wird Gott ganz neu handeln. Der hier gesuchte »große« Prophet sieht in einer weiteren Vision einen neuen Tempel, von dem aus ein Strom des Segens fließen wird. Das Land wird fruchtbar. Gott wird den Menschen ein neues Herz geben. Das alte, das steinerne Herz will er wegnehmen.

»Gott ist Heil« – so wird sein Name übersetzt. Von diesem Heil 23
lebt er. Er sieht es in der Ferne, aber er sieht es so deutlich wie kein zweiter in seiner Zeit. Weil er das Heil der Welt, das in Christus kommt, so klar voraussieht, hat man ihn auch den fünften Evangelisten genannt. Doch er braucht diese Fern-Sicht auf das kommende Heil, weil er den schweren Auftrag hat, Gericht zu verkündigen. »Weh denen«, so sagt er wiederholt. Aber er sagt es als einer, der zunächst »weh mir« sagt. »Weh mir, ich vergehe,« ruft er, als er den heiligen Gott schaut, denn er weiß sich als sündiger Mensch.

Nur so kann er die Menschen warnen, sie zur Umkehr rufen. Doch das geht ihm nicht leicht über die Lippen. Seine Seele leidet furchtbar unter der Botschaft und unter dem Wissen, letztlich ein vergeblicher Warner zu sein. Im einzelnen spricht er gegen die Gottlosigkeit der Menschen, gegen ihre Scheinheiligkeit, gegen ihre Habgier und Schlemmerei, gegen Hochmut und Leichtsinn. Freilich erlebt er auch Zustimmung, sogar Gehorsam. Er ist der Ratgeber mehrerer Könige. Einer von ihnen vertraut mehrmals seiner Weisung und erfährt, daß die Prophezeiungen des hier Gesuchten genau eintreffen. Ein anderes Mal handelt dieser König gegen den Rat des hier gesuchten Propheten und bereitet damit den Untergang seines Reiches vor.

Der gesuchte Prophet ist verheiratet und hat mindestens zwei Söhne. Er lebt im Juda des achten Jahrhunderts vor Christus. Seine Berufung fällt in das Todesjahr des Königs Usia (740 oder 739). Im Tempel sieht er einmal in einer gewaltigen Vision den Herrn, seinen Gott. Er kann nur noch sagen: »Weh mir, ich vergehe; denn ich bin unreiner Lippen.« Mit einer glühenden Kohle berührt ein Engel seinen Mund und tilgt damit seine Schuld. Als er danach den Herrn fragen hört: »Wen soll ich senden? Wer will unser Bote sein?«, antwortet er: »Hier bin ich; sende mich.« So tut er viele Jahre den schweren Prophetendienst in Juda. Über sein Ende sagt uns die Bibel nichts. Nach einer altjüdischen Überlieferung ist er den Märtyrertod gestorben. Er soll getötet worden sein, weil er unter anderm behauptet hat, Gott gesehen zu haben. Das wenige, das wir über ihn wissen, steht im 2. Buch der Könige und in dem Buch, das seinen Namen trägt. Unter den Bibelhandschriften, die 1947 in Qumran gefunden wurden, befindet sich eine vollständig erhaltene Handschrift seines Buches aus dem zweiten Jahrhundert vor Christus.

24 Obwohl er mit vielen und interessanten Menschen zu tun hat, ist er sicher auch oft einsam. Schon als Kind wird er von seinen Eltern getrennt. Später ist er oft nicht zu Hause. Er zieht im Land umher, um in den verschiedenen Städten Recht zu sprechen. Doch dem Volk genügt es nicht, einen guten Richter zu haben. Sie wollen eine Führung haben, wie sie die anderen Völker um sie herum hatten. Deshalb strebt das Volk eine ganz andere Lösung an, mit der der hier Gesuchte nicht einverstanden ist. Doch die Kritik des Volkes richtet sich in keinem Stück gegen ihn. Im Gegenteil: Sie bestätigen ihm, daß sie kein Unrecht an ihm finden können.

Er ist Richter, aber er ist mehr als das. Bei seinem ersten öffentlichen Auftreten fordert er das Volk zur Buße und zum Fasten auf. Die Menschen befolgen den Aufruf, und Gott schenkt ihnen Sieg. Der Gesuchte sagt den Menschen genau, was sie zu erwarten haben, wenn sie ihre Vorstellungen verwirklichen. Gott bestätigt ihn als Propheten durch Donner und Regen. Er ist auch Priester und Ratgeber des Königs. Als Gott es verlangt, tötet er einen gefangenen König mit dem Schwert.

Gehorsam gegen Gott ist das große Stichwort seines Lebens. Die wichtige Vorstufe dazu – nämlich auch Menschen gehorchen zu können – übt er schon als Kind. Da steht er zum Beispiel mehrmals in der Nacht auf, weil er meint, sein Lehrer habe ihn gerufen. Gehorsam gegen Gott übt er auch dann immer wieder, wenn Gottes Aufträge für ihn plötzlich anders aussehen, als er es gedacht hat. Und so zieht er, obwohl er schon früher einen anderen zum König gesalbt hat, mit seinem Salböl los, diesmal nach Bethlehem. »Gehorsam ist besser als Opfer«, das muß er schließlich im Auftrag Gottes dem König sagen, der das nicht begreifen kann und der damit sein Königtum verspielt.

Dieser Mann begegnet uns nur zweimal in der Bibel. Dort erweist er sich allerdings als ein Mann von großer Glaubenskraft. Beim ersten Mal wird unter anderem deutlich, daß er gelernt hat, Gottes Verheißungen mehr zu trauen als äußeren Gegebenheiten. Die zweite geschilderte Situation zeigt, daß er nicht nur an der ihm bestimmten Verheißung festgehalten hat. Er handelt auch weiter im Vertrauen auf sie. Dabei liegen zwischen beiden Geschichten 45 Jahre. Obwohl er sich also jahrzehntelang im Warten üben muß, ist sein Glaube nie passiv. Ganz im Gegenteil, er ist voller Kampfesmut – mit Gott fürchtet er sich nicht einmal vor Riesen. **25**

Obwohl er ein bedeutender Führer in seinem Volk ist, steht er doch stets im Schatten von zwei anderen überragenden Führungspersönlichkeiten. Einer von ihnen ist zunächst mit der gleichen Aufgabe betraut wie er; und sie arbeiten gut zusammen. Doch als dann jener – und nicht er – Nachfolger des großen Führers wird, da ist er nicht eifersüchtig, sondern unterstellt sich ihm willig. Doch er macht sich nicht abhängig von der Meinung anderer. Mit großer Kraft widersetzt er sich dem Urteil von zehn Leuten, die nichts sehen als das, was vor Augen ist. Unser Mann aber vertraut Gott absolut, auch wenn das, was er sieht, nicht Gottes Verheißung zu entsprechen scheint. So widerspricht er – und wird deshalb beinahe gesteinigt.

85 Jahre ist er alt, als er uns zum zweiten Mal in der Bibel begegnet. Sein Glaube hat ebensowenig nachgelassen wie seine Kraft. Im Vertrauen auf die Verheißung Gottes, daß sie das Land einnehmen sollen, will er weiterkämpfen. Von Josua erbittet er deshalb Hebron und das Gebirge rund um diese Stadt als sein Erbteil. Er weiß, daß dort die Enakiter, die Riesen leben. Als einer der zwölf Kundschafter hat er 45 Jahre vorher Stadt und Menschen kennengelernt. Nun vertreibt er wirklich die Riesen aus Hebron. So bleibt er uns ein Beispiel für den Glauben, der etwas riskiert. Nicht nur in der Jugend – bis ins hohe Alter bleibt er wagemutig, wenn er weiß, daß er die Verheißungen Gottes auf seiner Seite hat.

26 Höhen und Tiefen liegen in seinem Leben dicht beisammen. Zweimal ist das Todesurteil über ihn gewissermaßen schon gesprochen. Doch beide Male bleibt er nicht nur am Leben, sondern er wird mit Ehre und Anerkennung überschüttet. In jeder Hinsicht ist er außergewöhnlich. Alle seine Erfolge wurzeln in einem starken Gottvertrauen und intensivem Gebet. So ist er frei, dem einen Herrscher bescheiden und doch gewinnend gegenüberzutreten. Dem anderen dagegen kann er auf den Kopf zusagen, woher seine Not kommt: Er hat Gott nicht die Ehre gegeben, obwohl er von ihm wußte.

Nach einem kometenhaften Aufstieg wird es dann sehr still um ihn. Er, der weiß, daß er zu Großem berufen ist, muß lernen, im Abseits zu stehen. Dann – sehr plötzlich – erinnert man sich an ihn, und er kommt erneut zu großen Ehren und zu großer Verantwortung. Seine Neider wissen, daß es in seinem Leben keine Affären gibt. Aber sie wissen von seinem Glauben an den lebendigen Gott; und damit bauen sie ihm eine Falle. Als sie zuschnappt, muß er die wohl angstvollste Nacht seines Lebens durchstehen. Doch so, wie er seinen Gott bekannt hat, bekennt sich Gott jetzt zu ihm und errettet ihn.

Schon in seiner Jugend ist er außergewöhnlich. Eines Tages sucht die Besatzungsmacht in seiner Heimat junge Männer, die gesund und gutaussehend, klug und umfassend gebildet sind. Man findet ihn. Er wird verschleppt und muß – zusammen mit einigen Leidensgenossen und Freunden – drei Jahre lang die beste Schule jenes fremden Landes besuchen. Eine Art Gehirnwäsche soll alle Beziehungen zu Kultur und Religion seines Heimatlandes auslöschen. Selbst ein anderer Name wird ihm gegeben. Aus dem vertrauten __________ seiner Heimatsprache wird »Schütze sein Leben« in der Sprache des Gastlandes. Hier wird zum ersten Mal seine Fähigkeit deutlich, für sich und seine Freunde einen Weg zu finden, ihrem Gott treu zu bleiben. Er schließt keinen Kompromiß und verärgert doch seine neuen Herren nicht. Zum Schluß sei noch eine große Begabung genannt, mit der er mehrmals anderen (und auch sich selbst) hilft: Er besitzt die Fähigkeit, Träume und Visionen zu verstehen und zu deuten.

Den Schönheitswettbewerb gewann sie, und damit zog sie das große Los. Trotzdem war nicht immer alles leicht für sie. Mitunter war es für sie lebensgefährlich, zu ihrem Ehemann zu gehen. Sie hatte viele Freunde; und diese waren auf ihren Wunsch hin sogar bereit, drei Tage lang weder zu essen noch zu trinken. Hadassa, wie die Gesuchte auch genannt wird, wagte ihr Leben in einer gefahrvollen Situation. Dabei war sie erfolgreich und rettete so vielen das Leben. **27**

Nach dem frühen Tod der Eltern wuchs sie im Haus ihres Vetters auf, der so zu ihrem Pflegevater wurde. Auf ihn hörte sie stets, und er war es auch, der ihre große Karriere vorbereitete. Freilich kam er so auch selbst zu einer einflußreichen Stellung. Durch seine kompromißlose Haltung – man ist versucht, ihn als »stur« zu bezeichnen – schuf er sich bald viele Feinde. Sein größter Feind war ein Mann, der über Leben und Tod von vielen entscheiden konnte, Hadassas Pflegevater eingeschlossen.

Aber Gott war mit Hadassa und den Ihren. So kam es – menschlich gesehen durch Hadassas mutiges Eingreifen – zu einer einschneidenden Änderung der Machtverhältnisse. Hadassas Pflegevater wurde der zweite Mann im Staat. Sein alter Feind (und Vorgänger) dagegen hing bald an dem Galgen, den dieser schon für ihn (Hadassas Pflegevater) hatte aufrichten lassen. Der nun mächtige Mann regelte die Dinge im Sinne seines Volkes. Dabei war er durchaus nicht zimperlich. Wir hätten Mühe, sein Handeln als christlich zu bezeichnen. Doch die hier gesuchte Königin, ihr mächtiger Pflegevater und alle, die zu ihrem Volk gehörten, waren gerettet. Zum Andenken an diese Rettung ordneten Königin Hadassa und ihr Pflegevater ein großes Fest an, das an manchen Orten von den Juden noch heute gefeiert wird.

28 Zu berichten ist von einem Menschen mit vielen Tugenden: Geduld (vielleicht seine herausragendste Eigenschaft) und Gehorsam gegen Gott zeichnen ihn aus. Er liebte Tiere und lebte lange Jahre seines Lebens als Vegetarier. »Er ging seinen Weg mit Gott«, so ist zu lesen, und zwar in einer Welt »voller Gewalttat«. Er und seine Familie waren wohl der einzige Lichtblick in einer Umgebung von Menschen, die sich selbst zum Maßstab aller Dinge machten und die Gott nicht ehrten. Um einen *Menschen* geht es, und das heißt: um einen, der trotz so vieler Tugenden nicht vollkommen war. Auch in seinem Leben gibt es Versagen, und die Bibel verschweigt das nicht. – Sein Gehorsam gegen Gott war sicher nicht immer leicht. Den Spott seiner Nachbarn – wer hört ihn nicht heraus bei seiner Geschichte: Gott beauftragte ihn – nein, nicht Buße sollte er predigen, sondern er sollte ein Zeichen errichten. Es war ein großes Zeichen, das viel Arbeit machte und das viele sehen mußten – und das sie doch alle übersahen.

Das Zeichen war zugleich Rettungsmöglichkeit für ihn, für seine Familie und für viele andere Lebewesen. Sie trennten sich von den Leuten ihrer alten Welt, die sich nicht um Gott kümmerten, und begaben sich auf eine abenteuerliche Reise in eine neue Welt. Wo diese lag, wußten sie allerdings noch nicht. Geraume Zeit mußten sie sehr beengt leben und waren vielleicht auch einsam. Doch wußte sich der Gesuchte geborgen. Schließlich hatte Gott selbst die Tür hinter ihm verschlossen.

Nach langer Zeit wurde es wieder ruhig, und die Leute im Kasten spürten festen Boden unter den Füßen. Ein Rabe und eine Taube waren die ersten, die herausdurften. Als dann die Menschen den Kasten verließen, bauten sie als erstes einen Altar, um ihrem Gott zu danken. Mit acht Menschen – dem Gesuchten, seiner Frau, seinen drei Söhnen und deren Frauen – begründete Gott ein neues Menschengeschlecht. Er gab ihnen die Zusage, die auch uns gilt:

> »Solange die Erde steht
> soll nicht aufhören
> Saat und Ernte,
> Frost und Hitze,
> Sommer und Winter,
> Tag und Nacht.«

Und zum Zeichen des Neuen Bundes, den Gott mit den Menschen schloß, setzte er den Regenbogen in die Wolken.

Es ist kein Ansehen der Person vor Gott. Gott macht keine Unterschiede zwischen arm und reich, hoch und niedrig. Dieses biblische Grundgesetz muß der hier Gesuchte erst mühsam begreifen. Er ist hochangesehen, befreundet mit Königen und natürlich reich. In seinem Hause gibt es unter dem Personal auch Gastarbeiter. Bei seinen Angestellten ist er aber geachtet, ja sogar beliebt. Vielleicht ist dies die erste Lektion, die er lernen muß: daß jemand, der zu den geringsten in seinem Haus gehört, ihm einen entscheidenden Rat gibt, einen lebensrettenden sogar. Denn – und auch das muß er lernen – krank werden Arme und Reiche; und seine hohe Stellung kann ihm die Gesundheit nicht wieder schenken. **29**

Um die Andeutungen des ersten Absatzes etwas zu verdeutlichen: Der »jemand, der zu den geringsten in seinem Haus gehört« ist weiblichen Geschlechts, eine Gastarbeiterin. Sie weist die Frau des Hauses auf das Wirken des lebendigen Gottes in ihrer Heimat hin, dieser Gott könnte den Hausherrn heilen. Ihr Gebieter, der Heerführer des syrischen Königs, nimmt diesen Rat ernst. Er läßt sich von seinem König eine persönliche Botschaft an den König Israels geben und bricht mit vielen Geschenken und großem Gefolge auf zum Staatsbesuch. Und hier muß er wieder eine Lektion lernen: Eine Beziehung zu dem lebendigen Gott läßt sich nicht auf diplomatischem Wege herstellen. Der israelische König ist völlig überfordert und bekommt es mit der Angst zu tun. In dem Ansinnen, dem Heerführer zur Gesundheit zu verhelfen, sieht er nur einen Vorwand des syrischen Königs, Krieg mit ihm zu beginnen. Doch da wird plötzlich deutlich, daß Gott selbst Regie führt.

Der bekannte Prophet läßt den Heerführer zu sich rufen. Der fährt zwar zu ihm, bleibt aber skeptisch – besonders, als dieser ihn nicht empfängt. Im schmutzigen Wasser des Jordans soll er siebenmal untertauchen? Und das soll ihn vom Aussatz heilen? Wer wagt es, ihn, den berühmten Mann, so zu demütigen? Es ist schon viel Zureden seiner Begleiter nötig, bis er den Marschbefehl zum Jordan gibt. Als er wieder aus dem Wasser des Flusses steigt – ist er gesund. Und noch einmal muß er etwas lernen: Der Dank gebührt nicht dem Propheten. Der Dank gebührt Gott allein, dem Schöpfer allen Lebens. Und er beschließt, nicht mehr den Göttern zu opfern, die in seiner Heimat verehrt werden. Er will nur noch dem einen und wahren Gott dienen.

30 Er war der älteste Sohn eines Königs, doch kam er selbst nie auf den Thron. Er war tapfer im Kampf, ehrlich gegenüber seinen Freunden, voller Vertrauen zu seinem Gott. Mut und Gottvertrauen werden deutlich, als er allein mit seinem Waffenträger einem feindlichen Vorposten gegenübersteht. Er fragt nach Gottes Führung, findet heraus, daß Gott mit ihm ist, und die beiden ziehen allein in den Kampf gegen den Stoßtrupp. Sie erschlagen zwanzig Mann. Das hat zur Folge, daß im feindlichen Lager ein Durcheinander entsteht und dort schließlich jeder gegen jeden kämpft. Freilich hätte ihn dies bald doch noch das Leben gekostet. Aber nicht die Feinde bedrängen ihn, sondern es ist ein bißchen Honig, der ihm beinahe zum Verderben geworden wäre. Müde und erschöpft sieht er Bienennester voller Honig. Er ißt davon, um sich zu stärken. Was er nicht weiß: Sein Vater, der König, hat geschworen, jeder solle sterben, der vor Ende des Kampfes etwas äße. Nur das energische Eintreten des Volkes beim König rettet ihm das Leben.

Die Freundschaft zu seinem Schwager ist es, durch die er heute am bekanntesten ist. Sie ist als Bild echter Freundschaft sprichwörtlich geworden. »Er liebte ihn wie sein eigenes Leben«, so sagt die Bibel. Diese Freundschaft ist rein, selbstlos und ohne Bedingungen. Aber ihren besonderen Wert erhält sie dadurch, daß sie hält, obwohl beide in verschiedenen Lagern stehen. Er hätte Grund gehabt, auf seinen Freund eifersüchtig zu sein – er war es nicht. Sein Freund hätte nach vielen Angriffen aus der Familie des Freundes Anlaß genug gehabt, sich von ihm zurückzuziehen. Er tat es nicht. Mit dem Leben für den anderen einstehen – das mußte der hier Gesuchte wirklich. Sein Vater wollte ihn einmal umbringen wegen dieser Freundschaft.

Er hat seinen Vater nicht überlebt. Am selben Tag, in derselben Schlacht starben Vater und Sohn. Vielleicht war es gut so. Denn Gott hatte als Nachfolger des Königs längst einen anderen bestimmt: den erwähnten engsten Freund. Der gesuchte Königssohn hat das gewußt. Der neue König singt ein erschütterndes Klagelied über seinen Freund. In ihm heißt es: »Mein Bruder, mein bester Freund, voll Schmerz und Trauer weine ich um dich; denn deine Freundschaft hat mir mehr bedeutet, als Frauenliebe je bedeuten kann.«

Dieser israelische König ist uns ein Beispiel für die Gefahren einer Mischehe. Gegen Gottes Willen heiratet er die Tochter eines phönizischen Königs. Er macht ihr so viele Zugeständnisse, daß er sogar für sie einen Tempel ihres Gottes Baal baut. Wer wie er an der falschen Stelle tolerant ist, geht immer einen bösen Weg. So ist es auch hier: Der Einfluß der Königin wächst, und er läßt sich seine Entscheidungen oft von ihr abnehmen. Schließlich betet er selbst zu Baal. Dabei weiß er, daß nur der wahre Gott ihm helfen kann. Immer wieder kommen Propheten zu ihm, um ihn zu warnen, aber gelegentlich auch, um ihm Sieg zu verheißen. So besiegt er seine Feinde einige Male, als er sich genau nach den Anweisungen der Propheten richtet. 22 Jahre ist er König in Samaria. Er stirbt in einer Schlacht, so wie es ihm Propheten des lebendigen Gottes vorhergesagt haben. **31**

Als Staatsmann betreibt er oft eine kluge Politik des Nachgebens und hält sich so manchen Feind vom Leib. Doch handelt er auch dabei gegen den Willen Gottes, indem er zum Beispiel einen besiegten König am Leben läßt. Schlimm jedoch ist seine Nachgiebigkeit seiner Frau gegenüber. Sie läßt Propheten töten, aber er schweigt. Sie läßt einen ihrer Nachbarn in verbrecherischer Weise aus dem Weg räumen, aber er ist zufrieden, daß er das Land dieses Mannes seinem Besitz zuschlagen kann. Dabei ist selten ein König durch verschiedene Propheten immer wieder so eindringlich gewarnt worden wie er. Schließlich schickt Gott eine mehrere Jahre anhaltende Dürre. Er läßt sie dem König durch einen der großen Propheten ankündigen.

Nach zwei regenlosen Jahren tritt der Prophet wieder vor den König. Er kündigt Regen an, sagt dem König, daß er selbst schuld an der Not des Landes sei und beweist schließlich eindrücklich und anschaulich, daß Jahwe der rechte Gott ist und nicht Baal. Als der König im Regen nach Hause fährt, kann er an Gott nicht mehr zweifeln. Doch er vermag Isebel, die Königin, nicht zu überzeugen. Ihre Reaktion: Sie schickt dem mutigen Propheten eine Morddrohung – und der König läßt sie weiter gewähren . . .

32 Er war ein angesehener Prophet, ja, er war erfüllt mit dem Geist Gottes. Wen er segnete, der war gesegnet. Er sehnte sich danach, einmal ganz nahe bei Gott zu sein, und er drückte das so aus: »Ich möchte, daß ich einmal so wie sie in Gottes Frieden sterben könnte.« Er konnte es nicht. Menschen desjenigen Volkes, auf das er sich in seinem Wunsch bezog (»so wie sie«), brachten ihn mit dem Schwert um. Im Neuen Testament berichten uns Petrus und Judas, warum er nicht in Frieden sterben konnte: Seine Motive waren nicht rein.

Er wußte viel von Gott. Tragisch war, daß er das, was er von Gott verkündigte, nicht auf sich selbst anwandte. Er sagt: »Du darfst nicht meinen, Gott sei wie ein Mensch. Er lügt nicht, und er ändert niemals seinen Sinn. Denn alles, was er sagt, das tut er auch.« Doch während er diese Wahrheiten Gottes vor einer großen Öffentlichkeit verkündet, hat er sich innerlich schon weit von Gott entfernt. Dabei hat es Gott an Warnungen nicht fehlen lassen. Verstand er diese Warnungen wirklich nicht? Oder wollte er sie nicht verstehen?

Wir sollten aus seinem Fall lernen. Zum Beispiel, nicht immer wieder um die Erkenntnis des Willens Gottes zu beten, wenn dieser Wille Gottes längst klar ist. Zum Beispiel, nicht an eigenen Wegen festzuhalten, wenn uns schon Esel sagen, daß sie falsch sind. Zum Beispiel, nicht so laut von Gottes Größe und Gnade zu reden, wenn wir im Innern privaten Interessen dienen. Diese privaten Interessen brachten unseren Propheten zu Fall. Auch wenn er es selbst nicht wahrhaben wollte – es ging ihm zu sehr um Geld und Reichtum.

»Gott möge freundlich lächeln« oder auch »er lacht«, so wird sein **33** Name gedeutet. Er war ein Mann des Friedens. Nie hören wir, daß er zurückschlug, wenn ihm Unrecht geschah. Er gab nach. Und doch wurde er immer reicher – an Knechten, an Rindern, Schafen und Ziegen. Er heiratete mit 40 Jahren und hatte mit seiner Frau zwei Kinder. Seine Mutter war vor der Hochzeit gestorben; sein Vater starb, als er (der hier gesuchte Sohn) 75 war. Im Alter erblindete er. Er starb nach einem erfüllten Leben im hohen – für uns heute sehr hohen – Alter.

Seine Frau war schön. So schön, daß er im fremden Land um sie und sich selbst fürchtete. Dabei hatte er sie vor der Hochzeit nie gesehen. Unter anderem war sie eine gute Köchin. Jedenfalls verstand sie es, ihrem Mann das Essen so zu bereiten, wie er es gern hatte – auch, wenn einmal nicht alle erforderlichen Zutaten vorhanden waren.

Mit seinen beiden Söhnen war er nicht immer zufrieden. Schließlich segnete er den einen – und meinte den anderen. Und doch erfüllte er so den Willen Gottes. Er selbst war – so weit wir wissen – seinen Eltern stets ein gehorsamer Sohn gewesen. Ein Erlebnis in der Kindheit hatte sein Leben sicher stark geprägt. Aber – ob er damals eigentlich verstand, was da geschah oder geschehen sollte, als sein Vater mit ihm und zwei Knechten zu einem weit entfernten Berg zog? Warum der Vater so einsilbig und so ernst auf dem Weg war? Obwohl es doch nur darum ging, dem Herrn einen Bock zu opfern!

34 MINIBIOGRAPHIEN 3 mal 3 Sätze

1 Sie ist eine Heidin und wird doch ins Volk Israel aufgenommen.
Sie verdient ihren Lebensunterhalt auf eine anstößige Weise.
Sie wird zu einer Stammutter Jesu.

2 Sie nimmt zwei Männer in ihr Haus auf und versteckt sie dort eine Zeitlang.
Das, was sie den beiden erzählt, dient dem ganzen Volk Israel zur Ermutigung.
Sie bittet die beiden um Hilfe für sich und ihre Familie.

3 Die beiden Männer sind Kundschafter Israels und kommen zu ihr nach Jericho.
Mit einem Seil läßt sie die beiden an der Stadtmauer herab.
Sie hängt eine rote Schnur ins Fenster – ein Zeichen für die israelitischen Soldaten.

35 1 »Die ihn aber liebhaben, sollen sein, wie die Sonne aufgeht in ihrer Pracht.« (Dieser schöne Satz stammt von der gesuchten Frau.)
Sie ist eine Richterin in Israel.
Sie selbst nennt sich »eine Mutter in Israel.«

2 Ihr Mann heißt Lapidoth.
Im Auftrag Gottes beruft sie Barak zum Führer im Kampf gegen die Feinde.
Barak will nur kämpfen, wenn die Richterin mit ihm zieht.

3 Der Herr schenkt Sieg.
Der feindliche König wird von einer heidnischen Frau getötet, so wie es die Richterin vorausgesagt hat.
Die Richterin singt zum Sieg ein Loblied auf Gott. (Aus ihm stammt der oben zitierte Satz.)

36

1 Sie ist sehr unglücklich, weil sie kinderlos ist.
Sie betet ernsthaft um einen Sohn und verspricht Gott, ihm den Sohn zu weihen.
Durch einen alten Priester erhält sie die Zusage für das Kind.

2 Der Sohn wird geboren und bleibt bis zur Entwöhnung bei ihr.
Danach bringt sie ihn zu dem alten Priester ins Heiligtum.
Einmal im Jahr besuchen die Eltern das Kind.

3 Das Kind heißt Samuel.
Die Mutter lobt Gott in einem großartigen Lied, an das sich die Mutter Jesu bei ihrem Loblied erinnert.
Sie bekommt später noch drei Söhne und zwei Töchter.

37

1 Der erste Mann dieser Frau stirbt im Krieg.
Doch an seinem Tod sind nicht nur die Feinde schuld.
Als sie ihren zweiten Mann heiratet, ist schon ein Baby unterwegs.

2 Das erwartete Kind stirbt bald nach der Geburt.
Ihr zweiter Sohn ist gesund und wird später sehr berühmt.
Ihr zweiter Ehemann ist der König des Landes.

3 Ihr erster Ehemann heißt Uria.
Ihr zweiter Sohn heißt Salomo.
Sie wird zur Stammutter Jesu.

38

1 Sie ist schön, aber doch demütig und dienstbereit.
Im Vertrauen auf Gottes Führung unternimmt sie eine weite Reise in unbekanntes Land.
Der Knecht ihres zukünftigen Schwiegervaters führt und bewacht sie auf dieser Reise.

2 Bei der Hochzeit sieht sie ihren Mann zum ersten Mal.
Zunächst bleibt sie kinderlos, doch dann schenkt Gott ihr Zwillinge.
Sie erhält die Weissagung: Der Erstgeborene wird dem Zweiten dienen.

3 Der ältere Sohn ist rothaarig und wird Jäger.
Der jüngere Sohn – ihr Liebling – wird Hirte.
Um ihrem Lieblingssohn den Segen des Vaters zu verschaffen, betrügen sie und der Sohn den Ehemann und Vater.

39

1 Sieben Jahre nach der ersten Begegnung mit ihrem zukünftigen Ehemann ist die Hochzeit.
Ihr Ehemann ist ein weitläufiger Verwandter.
Sie bleibt zunächst kinderlos.

2 Sie betet zu Gott, möchte aber trotzdem nicht auf die Götzen ihres Vaters verzichten, die sie deshalb stiehlt.
Sie gibt ihre Magd Bilha ihrem Mann zur Frau, um so auf damals erlaubte Weise zu Kindern zu kommen.
Ihr erster leiblicher Sohn wird der Lieblingssohn ihres Mannes.

3 Sie stirbt bei der Geburt ihres zweiten Sohnes.
Sie will dieses Kind Ben-Oni nennen (Sohn des Schmerzes), aber der Vater nennt es Ben-Jamin (Sohn des Glücks).
Sie wird bei Bethlehem begraben.

1. ZWISCHENRUNDE: Zitate aus dem Alten Testament

Gesucht wird hier jeweils der Autor folgender Aussprüche.

Thema: Erstes Buch Mose

1. Siehe, ich muß doch sterben; was soll mir da die Erstgeburt?
2. Es ist nicht Sitte in unserm Lande, daß man die jüngere weggebe vor der älteren.
3. So nimm nun dein Gerät, Köcher und Bogen, und geh aufs Feld und jage mir ein Wildbret und mach mir ein Essen, wie ich's gern habe, und bring mir's herein, daß ich esse, auf daß dich meine Seele segne, ehe ich sterbe.
4. Die Schlange betrog mich, so daß ich aß.
5. Gott hat mir ein Lachen zugerichtet; denn wer es hören wird, der wird über mich lachen.
6. Ich will nicht essen, bis ich zuvor meine Sache vorgebracht habe.
7. Der Fluch sei auf mir, mein Sohn; gehorche nur meinen Worten, geh und hole mir.

Die Anfangsbuchstaben der zu ratenden Autoren ergeben wieder eine Gestalt aus dem ersten Buch Mose. Von ihr stammt das folgende Zitat:

Haltet mich nicht auf, denn der Herr hat Gnade zu meiner Reise gegeben.

1. ZWISCHENRUNDE: Zitate aus dem Alten Testament

Gesucht wird hier jeweils der Autor folgender Aussprüche.

Thema: Von Mose bis zu den Richtern

1. Einen Propheten wie mich wird dir der Herr, dein Gott, erwecken aus dir und aus deinen Brüdern; dem sollt ihr gehorchen.
2. Ich aber und mein Haus wollen dem Herrn dienen.
3. Ich weiß, daß der Herr euch das Land gegeben hat; denn ein Schrecken vor euch ist über uns gefallen, und alle Bewohner des Landes sind vor euch feige geworden.
4. Gibst du die Ammoniter in meine Hand, so soll, was mir aus meiner Haustür entgegengeht ... dem Herrn gehören, und ich will's als Brandopfer darbringen.
5. Ich sprach zu ihnen: Wer Gold hat, der reiße es ab und gebe es mir. Und ich warf es ins Feuer; daraus ist das Kalb geworden.
6. Ach, mein Herr, ich bin von jeher nicht beredt gewesen, auch jetzt nicht, seitdem du mit deinem Knecht redest; denn ich habe eine schwere Sprache und eine schwere Zunge.

Die Anfangsbuchstaben der zu ratenden Autoren ergeben den Autor des folgenden Zitats:

Laßt uns dem Herrn singen, denn er hat eine herrliche Tat getan, Roß und Mann hat er ins Meer gestürzt.

1. ZWISCHENRUNDE: Zitate aus dem Alten Testament

Gesucht wird hier jeweils der Autor folgender Aussprüche.

Thema: Königszeit I

1. Mein Vater hat euer Joch schwer gemacht, aber ich will's euch noch schwerer machen. Mein Vater hat euch mit Peitschen gezüchtigt, ich aber will euch mit Skorpionen züchtigen.
2. So wahr der Herr, der Gott Israels, lebt, vor dem ich stehe: es soll diese Jahre weder Tau noch Regen kommen, ich sage es denn.
3. Herr, neige deine Ohren und höre, tu deine Augen auf und sieh und höre die Worte Sanheribs, der hergesandt hat, um dem lebendigen Gott hohnzusprechen.
4. Gib mir deinen Weinberg; ich will mir einen Kohlgarten daraus machen, weil er so nahe an meinem Hause liegt.
5. Ich bin schwanger geworden.
6. Mein Vater, mein Vater, du Wagen Israels und sein Gespann!
7. Wenn ihr den Schall der Posaune hört, so ruft: Absalom ist König geworden zu Hebron!
8. Wie herrlich ist heute der König von Israel gewesen, als er sich vor den Mägden seiner Männer entblößt hat, wie sich die losen Leute entblößen.

Die Anfangsbuchstaben der zu ratenden Autoren ergeben den Autor des folgenden Zitats:

Was ratet ihr, daß wir antworten diesem Volk, das zu mir gesagt hat: Mache das Joch leichter, das dein Vater auf uns gelegt hat?

1. ZWISCHENRUNDE: Zitate aus dem Alten Testament

Gesucht wird hier jeweils der Autor folgender Aussprüche.

Thema: Königszeit II

1. Bin ich denn ein Hund, daß du mit Stecken zu mir kommst?
2. Das Mehl im Topf soll nicht verzehrt werden, und dem Ölkrug soll nichts mangeln bis auf den Tag, an dem der Herr regnen lassen wird auf Erden.
3. Ach, Herr, gedenke doch, daß ich vor dir in Treue und mit rechtschaffenem Herzen gewandelt bin und getan habe, was dir wohlgefällt.
4. Wende um und führe mich aus dem Kampf, denn ich bin verwundet.
5. Nun, Herr, mein Gott, du hast deinen Knecht zum König gemacht ... Ich aber bin noch jung, weiß weder aus noch ein ... So wollest du deinem Knecht ein gehorsames Herz geben, damit er dein Volk richten könne und verstehen, was gut und böse ist.
6. Komm, laß uns hinübergehen zu der Wache dieser Unbeschnittenen! Vielleicht wird der Herr etwas für uns tun, denn es ist dem Herrn nicht schwer, durch viel oder wenig zu helfen.

Die Anfangsbuchstaben der zu ratenden Autoren ergeben den Autor des folgenden Zitats:

Siehe, mein Herr hat diesen Aramäer Naeman verschont, daß er nichts von ihm genommen hat, was er gebracht hat. So wahr der Herr lebt: ich will ihm nachlaufen und mir etwas von ihm geben lassen.

1. ZWISCHENRUNDE: Zitate aus dem Alten Testament

Gesucht wird hier jeweils der Autor folgender Aussprüche.

Thema: Zeit des Exils und danach

1. Ich hab einen Traum gehabt; der hat mich erschreckt, und ich wollte gerne wissen, was es mit dem Traum gewesen ist ... Mein Wort ist deutlich genug. Werdet ihr mir nun den Traum nicht kundtun und deuten, so sollt ihr in Stücke gehauen ... werden.
2. So geh hin und versammle alle Juden, die in Susa sind, und fastet für mich, daß ihr nicht eßt und trinkt drei Tage lang, weder Tag noch Nacht ... Und dann will ich zum König hineingehen entgegen dem Gesetz. Komme ich um, so komme ich um.
3. Ich bin nackt von meiner Mutter Leibe gekommen, nackt werde ich wieder dahinfahren. Der Herr hat's gegeben, der Herr hat's genommen; der Name des Herrn sei gelobt.
4. Dann brachen wir auf von dem Fluß bei Ahawa am zwölften Tage des ersten Monats, um nach Jerusalem zu ziehen. Und die Hand unseres Gottes war über uns und errettete uns vor Feinden und vor solchen, die uns auf dem Wege nachstellten. Und wir kamen nach Jerusalem und ruhten dort drei Tage aus.
5. Siehe, ich will euch senden den Propheten Elia, ehe der große und schreckliche Tag des Herrn kommt. Der soll das Herz der Väter bekehren zu den Söhnen und das Herz der Söhne zu ihren Vätern.
6. Nehmt mich und werft mich ins Meer, so wird das Meer still werden und von euch ablassen. Denn ich weiß, daß um meinetwillen dies große Ungewitter über euch gekommen ist.
7. Siehe, es kommt die Zeit, spricht Gott der Herr, daß ich einen Hunger ins Land schicken werde, nicht einen Hunger nach Brot oder Durst nach Wasser, sondern nach dem Wort des Herrn, es zu hören.

Die Anfangsbuchstaben der zu ratenden Autoren ergeben den Autor des folgenden Zitats:

Gefällt es dem König und hat dein Knecht Gnade gefunden vor dir, so wollest du mich nach Juda reisen lassen, in die Stadt, wo meine Väter begraben sind, damit ich sie wieder aufbaue.

Wer will, kann schnell eine Liste mit Negativmerkmalen dieses Mannes aufstellen: Er ist trotzig, aber leicht verzagt; rasch begeistert, aber schnell entmutigt. Er nimmt den Mund manchmal recht voll und hält nicht immer, was er verspricht. Einmal tötet er beinahe einen Menschen mit der Waffe. Er ist wankelmütig, und er sagt nicht immer die Wahrheit. Um wenigstens etwas Positives dabei zu nennen: Er findet immer wieder den Mut und die Kraft, seine Fehler einzusehen. Jetzt müßten wir eigentlich alle seine positiven Eigenschaften nennen und von all dem Guten berichten, das er tut. Aber dann würde der Platz auf dieser Seite nicht ausreichen.

Stattdessen erinnern wir an eine Szene seines Lebens, die etwas über seinen Glauben aussagt. Er ist im Gefängnis, gefesselt, je ein Wachsoldat rechts und links neben ihm. Vor der Zellentür stehen zwei weitere Soldaten. Am nächsten Tag soll ihm der Prozeß gemacht werden – das Todesurteil scheint schon festzustehen. Was tut da unser Gesuchter? Er schläft! Er schläft so fest, daß ihn ein besonderer Bote durch einen Stoß in die Seite wecken muß. Dieser gute Schlaf zeigt deutlich: Sein Glaube ist größer als seine Angst. Entweder hat er alle Todesfurcht überwunden, oder er vertraut der ihm gegebenen Verheißung, er solle alt werden auf dieser Erde.

Jesus hat einmal zu ihm gesagt: »O du Kleingläubiger!« Aber nun ist aus ihm der »Felsenmann« geworden, auf den der Herr seine Kirche baut. So ist er der entscheidende Verkünder bei der Gründung der ersten christlichen Gemeinde. Der Herr gibt ihm Vollmacht, Kranke zu heilen, Lügner zu richten, ja sogar, Tote zu erwecken. Kranke bemühen sich darum, daß wenigstens sein Schatten auf sie fällt, wenn er vorbeigeht. So sehr hoffen sie, durch ihn geheilt zu werden. Zu ihm, dem einfachen Fischer auf dem See Genezareth, hat Jesus einmal gesagt: »Von jetzt an wirst du Menschen fischen!« Dieses Wort erfüllt sich: Viele, sehr viele Menschen kommen durch ihn zum Glauben an Jesus Christus.

41 Wer verläßt schon gern eine Arbeit, die gut und wichtig ist und die Freude macht! Gott erklärt zwar manchmal, warum und wozu seine Mitarbeiter einen anderen Dienst aufnehmen sollen – in diesem Fall aber tut er es nicht. Doch dem hier Gesuchten genügt es, daß Gott ruft – und er geht. Sofort! Wer soll seine alten Aufgaben übernehmen? Er weiß es nicht. Er geht in die Wüste, weil Gott es so will. Hier wird bereits das große Stichwort deutlich, unter dem sein Leben steht: Gehorsam gegen Gott.

Wer Gott gehorsam ist, dem schenken Menschen ihr Vertrauen. Es wird berichtet, daß der Gesuchte einen guten Ruf hat. Deshalb wählt ihn seine Gemeinde zum Diakon. Er versieht diesen Dienst, bis er aus der Stadt fliehen muß. Am neuen Ort gibt es noch keine Gemeinde. So beginnt er, das Evangelium zu verkünden. Damit entdeckt er »seinen« Dienst, für den er besonders begabt ist. Wir hören von Zeichen und Wundern, die durch ihn geschehen. Viele Menschen werden gläubig. Unser »Evangelist« – er ist übrigens der einzige namentlich bekannte, der in der Bibel mit diesem Titel bezeichnet wird – bleibt gehorsam und verläßt auch diesen Ort, als Gott ihn ruft (siehe oben!).

Bald sieht er, welchen neuen Auftrag Gott für ihn hat. Er soll einem einzelnen Menschen das Evangelium verkünden – freilich einem wichtigen. Einem, der dann – von unserem Evangelisten getauft – fröhlich in seine ferne Heimat zurückzieht. Und sicher nimmt er das Evangelium mit. Der Evangelist aber wird vom Geist des Herrn entrückt. Später finden wir ihn in Cäsarea. Dort besucht Paulus ihn, und bei der Gelegenheit erfahren wir, daß er vier Töchter hat, die die Gabe der Weissagung haben.

Gesucht wird ein Mann »voll Glaubens« und »voll Heiligen Geistes und Weisheit«. Als seine Gemeinde diese großen Begabungen in ihm erkennt, wählt sie ihn als ersten in einen besonderen Dienst. Doch die Gemeinde muß bald erkennen, daß er zu noch Größerem berufen ist. Es heißt von ihm: er »tat Wunder und große Zeichen unter dem Volk«. Seine Weisheit war so groß, daß bei Gesprächen über das, was er verkündete, niemand gegen ihn bestehen konnte. Aber seine Weisheit war gefährlich, lebensgefährlich – für ihn selbst. Denn er besaß den Mut, auch recht unbequeme Wahrheiten öffentlich auszusprechen. Ganz nebenbei stellte er noch eine fundamentale Kenntnis der jüdischen Geschichte unter Beweis. **42**

Bei seinen evangelistischen Gesprächen hatte er eine besondere Zielgruppe: Er ging in die Synagoge der griechisch sprechenden Juden. Diese kannten schließlich nur noch ein Mittel gegen ihn: Sie verleumdeten ihn vor Gericht. Aber auch hier verkündigt er die gute Nachricht von Jesus Christus und führte die Menschen zu einer Entscheidung – hier allerdings zur Entscheidung gegen Christus: »Es ging ihnen wie ein Stich durch's Herz, und sie knirschten mit den Zähnen vor Zorn über ihn.«

So kommt es zu seiner Steinigung, und der Gesuchte wird zum ersten Märtyrer. Sterbend sieht er den Himmel offen und Jesus zur Rechten Gottes stehen. Seine letzte Bitte – »Herr, rechne ihnen diese Sünde nicht zu« – erhört Gott sehr deutlich bei einem Anwesenden. Es ist Saulus, der sich wenig später bekehrt und dann auch ein Mann voll Heiligen Geistes und Weisheit wird – so wie dieser erste Blutzeuge des Christus.

43 »Der geringste . . .« – »der schlimmste . . .« – »schwach« – »Anfechtungen« – diese Vokabeln finden wir in seinen Schriften, wenn er von sich selbst redet. In den Augen anderer dagegen ist er – bis heute – einer der Größten. Anfechtungen hat es sicher viele in seinem Leben gegeben. Eine der schlimmsten war für ihn vielleicht, unschuldig und tatenlos im Gefängnis sitzen zu müssen. Dabei wurde er draußen so dringend benötigt. Was blieb ihm daher anderes übrig, als seine Ratschläge, seine Bitten und Anweisungen schriftlich an seine Freunde zu geben!

Für diese Briefe aus dem Gefängnis sind wir noch heute sehr dankbar. Aus ihnen erfahren wir ganz nebenbei manches über sein Leben. Zum Beispiel, daß er ein echter Israelit aus dem Stamm Benjamin ist, daß er ein Pharisäer und ein Eiferer für das Gesetz war. Aus anderen Quellen wissen wir, daß er in einer Hafenstadt geboren ist, die im Gebiet der heutigen Türkei liegt. In Jerusalem hat er bei einem der berühmtesten Theologen seiner Zeit studiert. Außerdem hat er noch ein Handwerk erlernt, mit dem er sich auch in späteren Jahren oft seinen Lebensunterhalt verdient. Ein tiefgreifendes Erlebnis reißt ihn aus der geplanten Theologen-Karriere. Von jetzt an wird sein Leben vielleicht äußerlich ärmer, aber doch viel reicher, größer und weiter. Mit seiner Botschaft erreicht er viele und durchaus verschiedene Menschen. Seine Hörer sind unter anderem Sklaven, Diebe, Gelehrte, Reiche, Volksversammlungen, Richterkollegien, Schiffsbesatzungen und Könige.

Er war viel unterwegs. Zunächst reiste er, um die Christen aufzuspüren und einzusperren. Nach seiner Bekehrung zog er allein nach Arabien und später nach Jerusalem, um mehr über Jesus zu erfahren. Später reist er dann durch das Gebiet der heutigen Türkei, durch Griechenland und Italien, um das Evangelium zu verkündigen. Dabei ist er vielen Gefahren ausgesetzt. Einmal berichtet er darüber: »Oft bin ich in Todesgefahr gewesen . . . Dreimal wurde ich ausgepeitscht, einmal bin ich gesteinigt worden. Ich habe drei Schiffbrüche erlebt; das eine Mal trieb ich eine Nacht und einen Tag auf dem Meer. Auf meinen vielen Reisen haben mich Hochwasser und Räuber bedroht. Juden und Nichtjuden haben mir nachgestellt.« Am Ende seines Lebens kann er sagen: »Ich habe einen guten Kampf gekämpft, ich habe den Lauf vollendet, ich habe Glauben gehalten.«

Wir wissen von ihm wohl, daß er in späteren Jahren ein wichtiger und anerkannter Mitarbeiter der frühchristlichen Gemeinde war. Doch wir kennen aus dieser Zeit keine Einzelheiten. Bekannt sind jedoch einige Momentaufnahmen aus seinen Teen- und Twenjahren, so daß wir bei ihm sehr deutlich geistliches Wachstum feststellen können. Schon seine Mutter glaubt an Jesus. In ihrem Haus versammelt sich eine Gemeinde. Der hier gesuchte Sohn ist vermutlich schon bei der Verhaftung Jesu dabei. Vielleicht hat er irgendwo im Dunkeln gesessen und alles mit angesehen. Mit Mühe kann er selbst einer Verhaftung entgehen. **44**

Später taucht er dann bei seinem Onkel oder Vetter wieder auf, als dieser mit Paulus auf die erste Missionsreise geht. Voller Begeisterung schließt er sich den beiden an. Als die Reise dann aber unbequem und gefährlich wird, trennt sich der junge Mann von ihnen und zieht nach Hause. Das trägt ihm Paulus lange nach. Jedenfalls beharrt er darauf, ihn bei der zweiten Missionsreise nicht mehr mitzunehmen. Es kommt deshalb sogar zum Streit zwischen Paulus und seinem alten Gefährten. Dieser schlägt sich schließlich auf die Seite seines Verwandten, und die beiden trennen sich von Paulus.

Die weitere Entwicklung des Gesuchten gibt seinem Verwandten recht. Er wird »rechte Hand« und Übersetzer des Petrus, wohl auch sein Schreiber. Später schreibt er eine der großen Biographien des Jesus Christus – teils aus eigenem Erleben, teils nach Berichten, die er von Petrus und anderen erhält. Übrigens hat Paulus ihn später wieder voll anerkannt. »Er ist mir nützlich zum Dienst«, schreibt er in einem seiner Briefe über den Gesuchten. In zwei weiteren Briefen bestellt Paulus Grüße von ihm.

45 INRI – die Abkürzung für Jesus Nazarenus Rex Judaeorum (Jesus von Nazareth, der König der Juden) diese Inschrift über dem Kreuz Jesu in hebräisch, griechisch und lateinisch geht auf ihn zurück. Dieser Satz ist seine besondere Art, seine Gegner ein bißchen zu ärgern, nachdem er ihnen nachgegeben hat – nachgegeben in der wichtigsten Angelegenheit, die er jemals zu entscheiden gehabt hat. Um gleich noch ein bekanntes lateinisches Zitat zu nennen, das ebenfalls auf ihn zurückgeht: Ecce homo – sehet den Menschen. Dabei zeigt der Gesuchte auf den geschundenen Leib des Herrn Jesus. Ein drittes Zitat von ihm – vielleicht das bekannteste - und diesmal auf deutsch: Was ist Wahrheit? Nach den Regeln der Grammatik ist das zwar ein Fragesatz, doch nicht für den Gesuchten. Er erwartet von Jesus hier keine Antwort.

Weil er ein Mensch ohne religiöse Überzeugung ist, läßt ihn die Wahrheitsfrage so kalt. Dabei wäre es seine vornehmste richterliche Pflicht gewesen, immer wieder nach der Wahrheit zu suchen. Er dagegen bringt es fertig, den vor ihm Verklagten mehrmals öffentlich für unschuldig zu erklären – und ihn doch nicht freizulassen. Was für ein Richter! Verständlich – aber nicht entschuldbar – wird sein Verhalten, wenn wir den Druck bedenken, den die Juden auf ihn ausüben. Sie drohen, ihn beim Kaiser anzuschwärzen. Und der ist schon lange nicht mehr gut auf ihn zu sprechen. So versucht er, sich um die Entscheidung zu drücken. Als ihm dies so nicht gelingt, überläßt er den Angeklagten den Juden.

Das öffentliche Händewaschen, das er zelebriert – es kann ihm seine Schuld nicht nehmen. Aber es zeigt, daß ihm die Angelegenheit doch nicht ganz gleichgültig ist. Wie sollte sie auch, wo er noch von seiner eigenen Frau gewarnt wird: »Laß deine Hände von diesem Unschuldigen!« Und wo er sich von Jesu Worten durchaus beeindruckt zeigt. Deshalb versucht er um so mehr, das fällige Urteil zu umgehen. Er schickt Jesus zu Herodes. Dann versucht er, ihn freizulassen, indem er das Volk zwischen ihm und Barabbas wählen läßt. Einer soll begnadigt werden. Doch das aufgehetzte Volk wählt Barabbas; und der römische Richter ist mit dem bereits erwähnten Zitat »Ecce homo« am Ende seines Lateins.

Das ist schon ein merkwürdiger Offizier: Er betet, und er hilft viel den Armen. Er gehorcht anderen, die nicht seine Vorgesetzten sind, und er hat ein gutes Verhältnis zu seinen Untergebenen. Er hält sich zur jüdischen Gemeinde, und er fastet. Er hat eine Vision, und er spricht plötzlich in einer anderen, ihm selbst fremden Sprache. In der Tat, ein besonderer Mensch! 46

Er ist der unmittelbare Anlaß, daß Petrus – und mit ihm die Jerusalemer Gemeinde – zu der Erkenntnis kommt, »daß Gott die Person nicht ansieht; sondern in jedem Volk, wer ihn fürchtet und recht tut, der ist ihm angenehm«. Petrus tut sich schwer mit dieser Erkenntnis, aber Gott führt ihn Schritt für Schritt. So betritt er schließlich das Haus dieses nichtjüdischen Offiziers. Dabei betont er allerdings sehr, daß dies einem Juden nicht gestattet sei und daß er es nur auf die besondere Weisung Gottes hin tue. Doch seine eben gewonnene Erkenntnis muß Petrus gleich noch weiter anwenden: Er muß den Offizier und alle in seinem Hause Versammelten auch taufen.

So wird dieser Offizier der erste Heidenchrist. Petrus nimmt hier sozusagen vorweg, was später eine Apostelversammlung in Jerusalem, das sogenannte Apostelkonzil beschließt: Die Menschen im Hause des Offiziers werden Christen, ohne erst Juden werden zu müssen. Wie gesagt, Gott führt sehr deutlich Regie, sonst hätte Petrus dem wohl nicht so ohne weiteres zugestimmt. Während Petrus im Hause des Gesuchten predigt, fällt der Heilige Geist auf alle Anwesenden, und sie sprechen in Zungen. Da kann auch Petrus nur noch sagen: »Wer kann ihnen noch die Taufe verweigern?«

47 Er genoß eine fromme Erziehung; und wahrscheinlich bekehrte er sich zu Jesus Christus, als ein bekannter Evangelist und Gemeindegründer zum ersten Mal seine Heimatstadt besuchte. Schon nach wenigen Tagen mußte der Evangelist die Stadt wieder verlassen, weil ihn die Gegner seiner Verkündigung beinahe getötet hätten. Doch der gesuchte junge Mann wuchs im Glauben, so daß er bald einen guten Ruf bei den Christen in seiner Stadt hatte. Als der Evangelist zum zweiten Mal die Stadt besuchte, nahm er den jungen Mann als Assistenten mit. So kam dieser früh in den vollzeitlichen Dienst für seinen Herrn.

Bald war er der engste Vertraute des Evangelisten. Seine Tätigkeit ließe sich vielleicht als die eines Reisesekretärs beschreiben. Ephesus, Korinth, Lystra, Ikonion, Philippi, Troas, Beröa und vermutlich auch Rom – wo wäre er nicht gewesen! Sein geistlicher Vater übertrug ihm große und wichtige Aufgaben. Dieser wußte, daß auf den jungen Mann stets Verlaß war, auch wenn er manchmal Ermutigung brauchte. Der Gesuchte war auch bereit, um des Glaubens willen vieles auf sich zu nehmen. Das Gefängnis blieb ihm so nicht erspart.

Was machte ihn zu dem, was er war? Seine gute und fromme Erziehung? Sein Charakter? Das Vorbild seines Lehrers? Alles dies mag eine Rolle gespielt haben. Entscheidend war sicher seine Offenheit für jedes Wirken des Heiligen Geistes. Paulus drückte das so aus: »Ich erinnere dich daran, daß du erweckest die Gabe Gottes, die in dir ist durch die Auflegung meiner Hände!« – Zwei Briefe voller praktischer Ratschläge für die Gemeinde- und Missionsarbeit schrieb Paulus seinem »lieben und getreuen« Sohn. Sie sind im Neuen Testament enthalten. Aus ihnen erfahren wir auch, daß die Mutter des Gesuchten Eunike, seine Großmutter Lois hieß.

Er trägt den Beinamen »der Gerechte«. Bei seiner Vorstellung bezeichnet er sich als »Knecht Jesu Christi«. Das zeigt seine Demut; denn er hätte mit gutem Recht hier ein ganz anderes Wort für Knecht setzen können. Dabei war er nicht immer ein Knecht Christi. Es gab eine Zeit in seinem Leben, in der er Jesus völlig ablehnte. Erst durch eine Erscheinung des Auferstandenen findet er zum Glauben. Dann wird er jedoch bald zu einem herausragenden Mitarbeiter. Paulus bezeichnet ihn einmal als eine Säule seiner Gemeinde. **48**

Dann begegnet er uns mehrmals als Gemeindeleiter in Jerusalem. Beim Apostelkonzil in Jerusalem geht es um die Frage, ob die zu Christus bekehrten Heiden auch Juden werden sollen oder nicht. Die Meinungen gehen auseinander. Da ist es »der Gerechte«, der eine Formel findet, der alle zustimmen können. Sonst spricht er stets für die Einhaltung der mosaischen Gesetze. Aber gerade sein Vorschlag läßt den Heidenchristen weitgehende Freiheit vom Gesetz. Diese Freiheiten sollten aber nicht für die unter den Heiden lebenden Juden gelten. Und später empfiehlt er zusammen mit den anderen Ältesten dem Paulus, ein streng jüdisches Gelübde auf sich zu nehmen. So sollte Paulus allen Judenchristen in Jerusalem seine eigene Gesetzestreue beweisen.

Der Gesuchte ist ein leiblicher Bruder des Herrn Jesus. Er ist uns heute besonders durch seinen im Neuen Testament enthaltenen Brief bekannt. Am Anfang dieses Briefes stellt er sich als »Knecht Gottes und Jesu Christi« vor (siehe oben), und eben nicht als Bruder des Herrn. Es geht ihm in seinem Brief besonders um das Gebet (»des Gerechten Gebet vermag viel«), um das Tun des Glaubens (»der Glaube ohne Werke ist tot«) und um einen Gottesdienst, der unser ganzes Leben umfassen soll (»ein reiner und unbefleckter Gottesdienst ... ist ... Waisen und Witwen in ihrer Trübsal besuchen«). Daneben gibt dieser Brief viele praktische Hilfen für unser Glaubensleben und bringt uns manche Wahrheiten, geistliche und zugleich psychologische.

49 »Er (Gott) stürzt die Mächtigen vom Thron,
und er erhöht die Niedrigen.
Die Hungernden beschenkt er mit seinen Gaben
und läßt die Reichen leer ausgehen.«

So lobt diese Frau Gott; und sie weiß, sie selbst ist eine Niedrige, die erhöht wird, eine Hungernde, die beschenkt wird. Sie kennt Höhen und Tiefen in ihrem Leben, wie sie kaum ein anderer Mensch je erlebt hat. Sie ist von einem urtiefen Vertrauen zu Gott getragen, daß sich in ihrem Wort ausdrückt: »Ich bin des Herrn Magd. Mir geschehe, wie du gesagt hast.« Die Spannweite ihrer Erfahrungen zeigen auch zwei Worte über sie, die überliefert sind. Ihrem ältesten Sohn ruft einmal eine Frau zu: »Selig ist der Leib, der dich getragen hat, und die Brüste, an denen du getrunken hast!« Das andere Wort sagt ein uralter Mann kurz nach der Geburt dieses ersten Sohnes: »Dir wird ein Schwert durch die Seele dringen.«

Beides ist richtig. Sie ist noch heute eine Hochgelobte bei vielen Menschen. Sie mußte aber auch immer wieder die Wahrheit des Wortes vom Schwert an sich erfahren. Es begann mit beschwerlichen Reisen, ja, sie mußte in ein anderes Land fliehen. Ihr Mann ist vermutlich recht früh gestorben. Der älteste Sohn, auf den sich ihre Liebe konzentriert, geht einen von ihr bejahten, aber doch nicht immer verstandenen Weg. In manchen Stunden bleibt ihr nur die sorgsam gepflegte Erinnerung an die vielen wunderbaren Ereignisse und an die Erscheinung des Engels Gabriel, damals, als sie noch nicht einmal verheiratet war.

Von ihrem ältesten Sohn kann und will sie nicht loskommen. Ob er als Zwölfjähriger von beiden Eltern schmerzhaft vermißt und gesucht wird – ob sie von ihm bei einer Hochzeit eine fast schroffe Antwort erhält (um dann wenig später zu sehen, daß er ihre Bitte doch erfüllt) – oder ob sie unter dem Kreuz steht, an dem er stirbt: Immer ist dieser ihr Sohn, an dem sie leidet, wie nur eine Mutter leiden kann – und immer ist derselbe viel, viel mehr als nur ihr Sohn.

Für manches ist er nur einer der ersten, der Überlebenstraining übte. Schließlich lebte er für eine lange Zeit in großer Einsamkeit von dem, was er fand. Seine Kleidung war entsprechend. Er trank keinen Alkohol. Sein Lebensstil war in jeder Hinsicht alternativ. Er liebte die Wahrheit. Er liebte sie so sehr, daß er sie recht deutlich sagte – auch wenn man sie nicht hören wollte und er sich selbst damit in Gefahr brachte. Für ihn gab es keine Kompromisse und kein Drumherumreden. Trotzdem – oder gerade deshalb hörten ihm Tausende aufmerksam zu. Und viele waren bereit, das zu tun, was er von ihnen verlangte. **50**

Er war mutig; und er war demütig. Sein Mut zeigte sich, wenn er auch vor Königen und Würdenträgern unverblümt die Wahrheit sprach – die Wahrheit, die sie betraf. Seine Demut war unübersehbar. Trotz seines Erfolges sah er sich nie als ein Großer an. Im Gegenteil: Er sah sich in der Rolle eines Dieners, der seinem Herrn bestenfalls beim An- und Ausziehen der Schuhe behilflich sein konnte. Er kannte seinen Auftrag, der bereits vor seiner Geburt seinem Vater genannt worden war. Sein Leben war von diesem Auftrag geprägt. Ihn zu erfüllen, war ihm genug.

Und doch lernte er auch bohrende Zweifel kennen. Sie kamen, als er keine Möglichkeit mehr sah zu reden und zu wirken. Er war bereit gewesen, die Konsequenzen für sein mutiges Aussprechen der Wahrheit zu tragen – oh nein, er war nicht leidensscheu! Aber nun sollte er sitzen und warten, abhängig in Leben und Tod von der Laune – der Weinlaune sogar – eines Mächtigen! Und die erwartete Hilfe blieb aus. Da blieb ihm nur die Gewißheit, seinen Auftrag erfüllt zu haben. Vielleicht war es gut, daß sein Tod dann sehr schnell kam, ein Tod, der so sinnlos zu sein scheint, wenn wir nicht wüßten, daß sein Tod nur ein Durchgang zu einem neuen Leben bei Gott war.

51 Seine Kritiker bezeichnen ihn als »ungelehrt und einfach«, und doch ist er der Verfasser einiger Bücher, die zu den wichtigsten und meistgelesenen in der Welt gehören. Er schreibt sie im hohen Alter. Eines der Bücher behandelt nur wenige, aber entscheidende Jahre seines Lebens; und obwohl diese schon rund 60 Jahre zurückliegen, beschreibt er doch alles sehr genau, bei manchen Ereignissen genauer als andere Autoren, die viel früher geschrieben haben. Er ist Augenzeuge, das spürt man immer wieder, obwohl er nicht von sich und seinem Tun berichtet. Er selbst kommt sich so unwichtig vor, daß er weder in der Ich-Form schreibt noch seinen Namen nennt. Stattdessen findet er eine immer wiederkehrende Umschreibung für seinen Namen.

Dabei war er nicht immer so zurückhaltend. Einmal bat er Jesus sogar um einen bevorzugten Platz im Himmel. Jesus schätzte seinen Eifer, wenn dieser nicht zu weit ging: Feuer vom Himmel fallen lassen entspricht nicht der Art Jesu. So nannte er ihn »Kind des Donners«, und der eifrige Jünger wußte, daß manches in seinem Leben geändert, abgeschliffen, geheiligt werden mußte. Später lesen wir dann, daß es ihm nichts ausmacht, hinter einem anderen Jünger zurückzustehen – ob es um Wunderheilungen oder um die mutige Verkündigung des Evangeliums geht. Geblieben ist aber eine große Liebe zu Jesus, von der her er alles sieht und auf die er alles bezieht. »Er ist so nah der Glut Jesu, daß ihm die bunte Fülle des Lebens zu gewaltigen Kontrasten zusammenschmilzt«, schreibt Friedrich Hauss über ihn.

Geist und Fleisch, Licht und Finsternis, gerettet sein und verloren gehen – das sind einige dieser Gegensatzpaare, die sein bekanntestes Buch auszeichnen. Später erhielt er, der von Haus aus Fischer war, einen Ausblick auf das Ende der Zeiten und darüber hinaus. Der Bericht über diese große Vision bildet den Inhalt seines anderen bekannten Buches. Sein Blick war wohl für die Art Jesu besonders geschärft: Er war nicht nur bei der Verklärung Jesu und bei der Auferweckung der Tochter des Jairus dabei, er war auch in Gethsemane mit Jesus, er war stummer Zeuge des Prozesses gegen ihn, und er stand unter dem Kreuz – über sich seinen leidenden Herrn. Hier vertraute Jesus ihm seine Mutter an. Schließlich war er es auch, der an jenem kalten Morgen beim Fischen auf dem See Genezareth Jesus als ersten erkannte. Er war eben »der Jünger, den Jesus liebhatte«.

Dieser Mann ist einer der wenigen, von denen die Bibel nichts Gutes zu berichten weiß. Jesus nennt ihn einmal einen Fuchs, und er warnt seine Jünger vor ihm. Wohl läßt Jesus ihm durch einige Pharisäer etwas bestellen, aber als er vor ihm steht, spricht er kein einziges Wort mit ihm – und das, obwohl der Gesuchte sich gern mit Jesus unterhalten hätte. »Und er fragte ihn vieles«, lesen wir. Wie schlimm muß es um ihn stehen, daß Jesus schweigt! Sein Interesse an Jesus schlägt nun in Haß um. Er verachtet und verspottet ihn. **52**

Dabei lassen sich in seiner Biographie durchaus positive Ansätze finden. So lesen wir von Gewissensregungen bei ihm – freilich ist es ein abergläubisches Gewissen, das sich da meldet und ihm Angst einjagt. Eine Zeitlang hört er Johannes dem Täufer gern zu, und er läßt sich in manchen Dingen von ihm beraten. Sein Verderben liegt wohl in seiner Nachgiebigkeit Frauen gegenüber. Wer sich durch seine Gefühle zum Eid verleiten läßt, begibt sich auf gefährliches Pflaster. Als regierender Fürst hätte er wissen müssen, daß er um die Einlösung des Eides nicht herumkommen würde.

So muß er Johannes den Täufer hinrichten lassen. Von da an geht es bergab mit ihm. Seine negativen Züge bilden sich noch stärker heraus: Er ist grausam, stolz, sinnlich und listig. Trotzdem kann er Johannes den Täufer nicht vergessen – vielleicht gerade weil dieser den Mut gehabt hatte, ihm die Wahrheit zu sagen: »Es ist nicht recht, daß du sie hast« (nämlich die Frau seines Bruders, mit der er zusammenlebte). Deshalb hatte er Johannes einsperren lassen. Später, in der Angst seines Gewissens, glaubt er dann, Jesus sei der von den Toten auferstandene Johannes. Der Gesuchte herrschte von 4 bis 39 nach Christus über Galiläa.

53 Für uns alle ist es wichtig zu wissen, daß unser Glaube auf Tatsachen beruht. Deshalb ist es gut, über den hier gesuchten Mann Bescheid zu wissen. Er ist ein absoluter Realist; einer, der den Glauben wirklich prüft. Er liebt es, Fragen und Bedingungen zu stellen. Und noch etwas macht diesen Mann sympathisch: seine Treue zu Jesus. Als er – menschlich gesehen – die Ausweglosigkeit der Situation erkennt, läuft er nicht weg. Er ist bereit, den bitteren Weg bis zum Ende mitzugehen.

Wie gesagt, er fragt gern. Aber er versteht nicht immer alle Antworten Jesu sofort. Dann fragt er erneut: »Herr, ich habe das Ziel nicht begriffen, wie soll ich den Weg verstehen?« Weil er an seinem Realismus festhält, wird er zum Zweifler, und er entzieht sich der Gemeinschaft mit den anderen. Das ist immer ein Fehler. Aber die anderen geben ihn nicht auf, sondern sie holen ihn in ihre Gemeinschaft zurück. Seine Zweifel sind echt. Sie beziehen sich nicht auf irgendeine Nebensache. Es geht ihm um den Zentralpunkt des Glaubens überhaupt: um die Auferstehung.

Daß Jesus seinen Freunden erschienen sein soll, das kann er nicht glauben. Als echter Realist stellt er deshalb Bedingungen: »Wenn ich nicht sehe und fühle . . .« Jesus geht darauf ein. Er erscheint auch ihm und fordert ihn ausdrücklich zur »Nagelprobe« auf. Da ist der Zweifler überzeugt. »Mein Herr«, sagt er zu Jesus wie vorher, aber aufgrund seiner neuen Erkenntnis fügt er hinzu: ». . . und mein Gott«. Allerdings sagt Jesus ihm dann, daß es auf das Sehen nicht ankommt, sondern auf den Gehorsam: »Selig sind, die nicht sehen und doch glauben.«

Was wir von ihm wissen, hat ein anderer aufgeschrieben. Doch 54
ein Satz – aus nur drei Wörtern – wird uns berichtet, den er selbst auf eine Tafel geschrieben hat. Dieser Satz beendet in ihm eine Zeit der schweigenden Erwartung und öffnet ihn für einen wunderbaren Lobpsalm. Sicher hat dieser Priester schon oft das Lob Gottes gesungen. Aber er muß alt werden, um es aus der Tiefe seiner Seele Gott bringen zu können, so wie es nur durch eine Erfüllung mit dem Heiligen Geist möglich ist. Und weil er mit dem Heiligen Geist erfüllt ist, mischen sich in das Gotteslob auch prophetische Töne – Töne der Freude über das Heil, das jetzt oder in ganz naher Zukunft erscheinen wird.

Sein Priesterleben ist von einem tiefen Schmerz durchzogen: daß nämlich seine Ehe kinderlos geblieben ist. Der Schmerz ist deshalb so groß, weil die Menschen um ihn herum – und er selbst vielleicht auch manchmal – diese Kinderlosigkeit als eine Strafe Gottes ansehen. Vielleicht ist für ihn aber noch beunruhigender, daß er so lange keine Antwort auf seine Gebete um ein Kind bekommen hat. Trotz seines frommen und untadeligen Lebens, das die Bibel sowohl ihm als auch seiner Frau bescheinigt, beginnt sein Glaube allmählich zu wanken. Wenn seine Sehnsucht nach einem Kind nicht gestillt werden sollte, müßte dann nicht auch das heißersehnte Kommen des Messias fraglich sein? Deshalb zweifelt er in seinem Herzen, als ihm der Engel Gabriel erscheint und eine wichtige Botschaft bringt. Er bittet den Engel um ein Zeichen.

Er bekommt das Zeichen. Es ist allerdings eins, das seinen Kleinglauben straft: Er wird stumm. So kommt es zu jener hoffnungsvollen, aber so stillen Zeit, während der das verheißene Kind im Leib der Mutter heranreift. Erst als er nach der Geburt des Sohnes dem Engel noch weiter gehorsam ist und dem Sohn den vom Engel vorgegebenen Namen gibt, löst sich seine Zunge wieder, und der schon erwähnte Lobpsalm erfüllt sein Haus. Dieser Psalm enthält das prophetische Wort, das seinem Sohn gilt: »Du aber, mein Kind, wirst ein Prophet des Höchsten genannt werden. Denn du wirst dem Herrn vorangehen, um seinen Weg zu bereiten.«

55 »Sohn des Vaters« heißt sein Name übersetzt; aber er war wohl ein sehr verlorener Sohn des himmlischen Vaters. Er war ein Räuber und saß im Gefängnis, weil er in einen Mordfall verwikkelt war. Das Urteil war gesprochen: Tod durch Kreuzigung. – Nein, er hatte wohl keine Hoffnung mehr – er so wenig wie seine beiden Genossen, die mit ihm auf die Vollstreckung des Urteils warteten.

Es muß schon alles für die Kreuzigung vorbereitet gewesen sein, als er plötzlich seinen Namen rufen hört. Viele Menschen rufen irgendwo draußen hinter den dicken Mauern seiner Zelle seinen Namen. Vielleicht hat er auch seinen zweiten Namen rufen gehört: Jesus. Doch dieser zweite Name war nur wenigen bekannt. Sicher riefen auch nur wenige diesen Namen. Und die es taten – ob die wirklich ihn meinten? Was mochte das alles bedeuten? Sicher konnte er es kaum begreifen. Vielleicht war es ihm auch gleichgültig.

Aber dann wird er plötzlich freigelassen. Er kann das kaum glauben. Aber er ist wirklich frei, kann hingehen, wo er will. Ob er zum Hügel Golgatha gehen soll, wo seine beiden Genossen am Kreuz hängen? Und wo am mittleren der drei Kreuze – an dem Kreuz also, das eigentlich für ihn bestimmt ist – auch ein Jesus hängt, der echte »Sohn des Vaters«? Wo der hängt, der ganz buchstäblich »für ihn« am Kreuz stirbt? Wie soll er das alles so schnell begreifen? – Was mag aus ihm geworden sein? Die Legende berichtet, er sei selbst bald Christ geworden. Das scheint verständlich. Was hätte er auch sonst tun sollen?

Seinen ersten Namen können wir ruhig verraten: Joses. Doch bekannt ist er unter seinem zweiten Namen, der übersetzt heißt: »Sohn des Trostes«. Seine Heimat ist die Insel Zypern. Er ist aber ein Jude, sogar ein Levit. Joses wird früh Christ, vielleicht schon bei der Pfingstpredigt des Petrus. Daß er »ein frommer Mann, voll Heiligen Geistes und Glaubens« ist, beweist er unter anderem dadurch, daß er sein Land verkauft und den Erlös der Gemeinde zur Verfügung stellt. **56**

Mit Paulus verbindet ihn eine enge Freundschaft. Sie besteht von der ersten Begegnung an, als Paulus als noch Fremder nach Jerusalem kommt, denn die Gemeinde kennt ihn nur als den unerbittlichen Christenverfolger und bleibt mißtrauisch gegen ihn, auch als er sich als Christ bekennt. Da ist es unser Joses, der den Mut hat, mit Paulus zu reden. Er glaubt ihm und führt ihn in die Gemeinde ein. – Später wird Joses von der Jerusalemer Gemeinde nach Antiochien gesandt. Dort war durch die mutige Verkündigung einiger Christen eine Gemeinde entstanden. Joses erkennt die Möglichkeiten dieser jungen Gemeinde, sieht aber auch, wie sehr die neubekehrten Heiden Unterweisung in der biblischen Lehre brauchen. Er zieht nach Tarsus und sucht Paulus. Er weiß, dieser ist jetzt der richtige Mann für Antiochien.

Als Joses und Paulus mit anderen in Antiochien fasten und beten, wird ihnen die Weisung des Heiligen Geistes deutlich: Paulus und Joses sollen als Missionare in die Ferne ziehen – das Evangelium gilt der ganzen Welt. So beginnt die erste Missionsreise. Noch eine zweite Missionsreise unternimmt Joses, doch diesmal nicht mit Paulus. Paulus ist nämlich nicht damit einverstanden, Johannes Markus, den Neffen (oder Vetter) des Joses, wieder mitzunehmen. Dieser hatte sie auf der ersten Missionsreise ein Stück begleitet, als die Strapazen aber größer geworden waren, war er umgekehrt. So kommt es, daß jetzt zwei Missionsteams ausziehen: Paulus mit Silas sowie unser Joses mit Johannes Markus.

1 Sie ist eine sicher nicht arme Kauffrau.
Sie hat ein großes Haus und viele Mitarbeiter.
Sie lebt in einer Stadt Mazedoniens.

2 Sie hält sich zur jüdischen Gemeinde – glaubt also an Gott, den Schöpfer Himmels und der Erde.
Am Sabbat geht sie zur Gebetsversammlung der Juden.
Dort begegnet sie Paulus, der das Evangelium verkündet.

3 Der Herr öffnet ihr das Herz – sie glaubt an Jesus.
Sie läßt sich taufen – zusammen mit einigen ihrer Mitarbeiter.
Sie lädt Paulus, Silas und Lukas in ihr Haus ein.

58 1 In verschiedenen neutestamentlichen Gemeinden ist er als Lehrer bekannt.
Sicher ist er auch deshalb ein guter Lehrer, weil er selbst als theologisch Vorgebildeter bereit ist, sich von einem Handwerker und von dessen Frau lehren zu lassen.
Er stammt aus Alexandrien, wo zu seiner Zeit viele griechisch sprechende Juden leben.

2 Er hat die Johannestaufe empfangen.
In Ephesus unterrichten ihn Aquila und Priscilla weiter im Evangelium.
Von Ephesus zieht er nach Korinth.

3 Dort tut er einen gesegneten Dienst als Lehrer.
Einige in der Gemeinde sind von ihm als Mensch so begeistert, daß sie sozusagen eine eigene Konfession bilden und sich nach seinem Namen nennen.
Paulus kritisiert die Korinther deshalb. (Eine andere Gruppe dort nennt sich nach ihm »paulisch.«)

59

1 Er war vielleicht der erste fromme Tourist.
Er hatte viel mit Geld zu tun.
Er las gern in der Bibel.

2 Er verstand nicht immer, was er las.
Gott sorgte für eine verständliche Auslegung.
Er bekannte: »Ich glaube, daß Jesus Christus Gottes Sohn ist.«

3 Er ließ sich kurz entschlossen taufen.
Er sah seinen Täufer nicht wieder.
Er zog seine Straße fröhlich.

60

1 Er ist ein sehr unbeliebter Herrscher und seiner Herkunft nach kein Jude.
Er hat Angst, die Macht zu verlieren.
Deshalb ist ihm jedes Mittel recht, sie sich zu erhalten.

2 Einmal empfängt er eine ausländische Gesandtschaft recht freundlich.
Er interessiert sich sehr für alles, was ihm diese Leute berichten, doch er will sie nur aushorchen.
Selbst für die Bahn der Sterne scheint er sich zu interessieren.

3 Er fragt die Schriftgelehrten in Jerusalem nach dem Geburtsort des Messias.
Er schickt die Ausländer dorthin und bittet sie unter einem Vorwand, zu ihm zurückzukommen.
Er gibt den Befehl zum Kindermord in Bethlehem.

1 Er stammt aus einer Stadt in Judäa.
Bevor er zu Jesus kommt, ist er ein Dieb.
Er hat viel mit Geld zu tun.

2 Er kritisiert einmal eine Frau, als sie Gutes für Jesus tut. Auch dabei geht es ihm letztlich ums Geld.
Einmal jedoch vesucht er verzweifelt, eine bestimmte Summe Geld wieder loszuwerden.

3 Er verrät Jesus an die Hohenpriester.
»Sei gegrüßt, Rabbi«, sagt er zu Jesus und gibt ihm einen Kuß – das Zeichen des Verrats.
Er endet durch Selbstmord.

62 1 Bei einer Begegnung mit Jesus tut sie etwas Ungeheuerliches, etwas, was sich bis dahin wohl noch keine jüdische Frau erlaubt hatte.
Andere kritisieren sie dafür – auch vor Jesus.
Doch Jesus kritisiert sie nicht, vielmehr bestätigt er ihr Verhalten.

2 In einer sehr schweren Situation vertraut sie auf Jesus – und wird zunächst enttäuscht.
Diese Enttäuschung spricht sie vor Jesus aus, und so erhält sie sich ihren Glauben.
Später kann sie Jesus nur danken, und sie tut das wieder in einer sehr auffallenden Weise.

3 Das Ungeheuerliche (siehe 1): Statt ihrer Schwester in der Küche zu helfen, sitzt sie zu Jesu Füßen und hört ihm zu – was bis dahin nur Männer durften.
Ihr Dank (siehe 2): Sie gießt eine Flasche sehr teuren Öls über Jesu Füße.
Jesus sagt dazu: »Wo das Evangelium in aller Welt gepredigt wird, da wird man auch sagen, was sie jetzt getan hat, ihr zum Gedenken.«

1 Dieses Ehepaar hat Landbesitz in oder bei Jerusalem.
Sie sind Christen, doch stehen nicht alle ihre Lebensbereiche unter der Herrschaft des Heiligen Geistes.
Sie sehen die guten Taten eines anderen und wollen ihm nacheifern.

2 Sie verkaufen ein Stück Land.
Den Erlös geben sie als Opfer der Gemeinde.
Weil sie Gott nicht ganz vertrauen, behalten sie heimlich einen Teil der Summe zurück.

3 So belügen sie Petrus.
Damit versuchen sie aber auch, Gott zu belügen.
Sie müssen beide sofort sterben.

64

1 Sie ist die Frau eines Priesters und stammt selbst aus priesterlichem Geschlecht.
Viele Jahre ist sie kinderlos.
Sie hält aber fest im Glauben und wird durch ihre Kinderlosigkeit nur um so demütiger.

2 Sie und ihr Ehemann sind »untadelig und gerecht« und richten sich nach den Geboten des Herrn.
Ein Engel kündigt ihrem Mann ihre Schwangerschaft und den Namen des zu erwartenden Kindes an.
Sie bekommt einen Sohn, der einen wichtigen Auftrag Gottes in dieser Welt zu erfüllen hat.

3 Während ihrer Schwangerschaft erhält sie drei Monate lang Besuch von einer ebenfalls schwangeren, mit ihr verwandten Frau.
Bei der Ankunft dieser Verwandten wird sie mit dem Heiligen Geist erfüllt, und sie erkennt in der anderen die Mutter des Messias.
Ihr Sohn wird zum »Wegbereiter des Messias«.

65 MINIBIOGRAPHIEN 3 mal 3 Sätze

1 Wir suchen einen nichtjüdischen Offizier.
Er besteht in seiner Truppe auf strenger Disziplin.
Trotzdem kümmert er sich um einzelne Soldaten.

2 Obwohl er zur Besatzungsmacht gehört, ist er zu den Juden freundlich und hilft ihnen sogar beim Bau einer Synagoge.
Die Ältesten der Juden loben ihn deshalb vor Jesus.
Jesus lobt den Glauben dieses heidnischen Offiziers.

3 Der Offizier hält sich als Heide für unwürdig, Jesus in sein Haus zu bitten.
Sein Vertrauen zu Jesus aber ist so groß, daß er ihm die Heilung seines kranken Untergebenen aus der Ferne zutraut.
Jesus erfüllt seine Bitte.

66 1 Er ist von seiner eigenen Fehlerlosigkeit überzeugt.
Trotzdem fragt er ernsthaft nach Gott.
Er möchte das ewige Leben haben.

2 Er ist sehr reich.
Es heißt von ihm, daß Jesus ihn liebhat.
Jesus will ihn in seine Nachfolge berufen.

3 Jesus versucht, ihn mit dem Hinweis auf die Gebote zur Selbsterkenntnis zu führen.
Jesus empfiehlt ihm, sich von seinem Reichtum zu lösen.
Das schafft er nicht, und traurig verläßt er Jesus.

67

1 Wegen einer bestimmten Erfahrung wäre dieser Mann heute sicher von vielen Reportern umlagert.
Doch wichtiger ist, was die Bibel von ihm berichtet: Jesus liebt ihn.
Jesus liebt ihn so sehr, daß er einmal über ihn weint.

2 Der Gesuchte hat zwei Schwestern, die mit ihm leben.
Als er einmal sehr krank ist, benachrichtigen die Schwestern voll Vertrauen Jesus.
Der kommt aber nicht sofort.

3 Als Jesus schließlich kommt, ist der Kranke gestorben.
Jesus erweckt ihn vom Tod.
Zu einer seiner Schwestern sagt Jesus: »Ich bin die Auferstehung und das Leben. Wer an mich glaubt, der wird leben, selbst wenn er stirbt.«

1 Er ist Mitglied des Hohen Rates der Juden zur Zeit Jesu. **68**
Im Prozeß gegen Jesus versucht er, sich für Jesus einzusetzen.
Nach Jesu Tod sorgt er mit für das Begräbnis des Gekreuzigten.

2 Er erkennt, daß Jesus von Gott gesandt ist.
Er erkennt die Zeichen und Wunder an, die Jesus tut.
Deshalb möchte er Jesus kennenlernen.

3 In einer Nacht kommt er schließlich mit Jesus zum Gespräch zusammen.
Jesus macht ihm dabei klar, daß seine hohe Stellung und sein großes Wissen ihm letztlich nichts nützen.
Im Gegenteil: Jesus sagt ihm, daß er von neuem geboren werden müsse.

1 Er ist ein Jude, der in römischen Diensten steht.
Er ist reich, hat aber den Reichtum nicht ganz ehrlich erworben.
Er lebt einsam, ohne Freunde.

2 Er möchte gern Jesus sehen.
Er ist klein von Person und die anderen verstellen ihm die Sicht auf Jesus.
Er steigt deshalb auf einen Baum.

3 Jesus sieht ihn auf dem Baum.
Jesus kehrt in sein Haus ein – zum Entsetzen der frommen Juden.
In der Begegnung mit Jesus löst sich der Oberzöllner von Jericho von seinem Reichtum und beschließt, allen Betrug wiedergutzumachen.

70 1 Der Name der hier gesuchten Frau ist uns nicht bekannt.
Sie lebt in Sychar.
Ihr Lebenswandel würde auch heute bei vielen Anstoß erregen.

2 Jesus bittet sie um etwas, als er ihr begegnet.
Damit tut er in doppelter Hinsicht etwas völlig Außergewöhnliches: Als Mann spricht er mit einer Frau; als Jude mit einer Nichtjüdin.
Jesu Anknüpfungspunkt ist Wasser.

3 Die Frau erstaunt sehr, als sie merkt, daß Jesus ihr Vorleben kennt.
Er sagt: »Fünf Männer hast du gehabt. Und der, den du jetzt hast, ist nicht dein Mann.«
Sie erkennt, daß Jesus der Messias ist; und sie wird zu einer wirksamen Missionarin für Jesus in Sychar.

2. ZWISCHENRUNDE: Zitate aus dem Neuen Testament

Gesucht wird hier jeweils der Autor folgender Aussprüche.

Thema: Die Weihnachtsgeschichte

1. Und du, ..., die du klein bist unter den Städten in Juda, aus dir soll mir der kommen, der in Israel Herr sei, dessen Ausgang von Anfang und von Ewigkeit her gewesen ist.*
2. Gepriesen bist du unter den Frauen, und gepriesen ist die Frucht deines Leibes! Und wie geschieht mir das, daß die Mutter meines Herrn zu mir kommt?
3. So habe auch ich's für gut gehalten, nachdem ich alles von Anfang an sorgfältig erkundet habe, es für dich, ..., in guter Ordnung aufzuschreiben.**
4. Zieht hin und forscht fleißig nach dem Kindlein; und wenn ihr's findet, so sagt mir's wieder, daß auch ich komme und es anbete.
5. Es begab sich aber zu der Zeit, daß ein Gebot von dem Kaiser Augustus ausging, daß alle Welt geschätzt würde.
6. Siehe, du wirst schwanger werden und einen Sohn gebären, und du sollst ihm den Namen Jesus geben.
7. Laßt uns nun gehen nach Bethlehem und die Geschichte sehen, die da geschehen ist, die uns der Herr kundgetan hat.
8. Nein, sondern er soll Johannes heißen.
9. Siehe, ich bin des Herrn Magd; mir geschehe, wie du gesagt hast.

Die Anfangsbuchstaben der zu ratenden Autoren ergeben den Namen eines Ortes, der in der Weihnachtsgeschichte eine wichtige Rolle spielt.

* Zu raten ist ausnahmsweise nicht der Verfasser dieser Verheißung – das ist Micha –, sondern der Ort, auf den sie sich bezieht.

** Zu raten ist wieder nicht der Autor – das ist Lukas –, sondern der im Zitat ausgelassene Empfänger des Berichtes.

2. ZWISCHENRUNDE: Zitate aus dem Neuen Testament

Gesucht wird hier jeweils der Autor folgender Aussprüche.

Thema: Menschen begegnen Jesus I

1. Was kann aus Nazareth Gutes kommen!
2. Jesus, lieber Meister, erbarme dich unser!
3. Siehe, Herr, die Hälfte von meinem Besitz gebe ich den Armen, und wenn ich jemanden betrogen habe, so gebe ich es vierfach zurück.
4. Wir haben den Messias gefunden.
5. Das habe ich alles gehalten; was fehlt mir noch?
6. Bleibe bei uns; denn es will Abend werden, und der Tag hat sich geneigt.
7. Mein Herr und mein Gott!
8. Herr, ich bin nicht wert, daß du unter mein Dach gehst, sondern sprich nur ein Wort, so wird mein Knecht gesund.

Die Anfangsbuchstaben ergeben den Namen einer Stadt, die große Bedeutung im Leben Jesu hatte.

2. ZWISCHENRUNDE: Zitate aus dem Neuen Testament

Gesucht wird hier jeweils der Autor folgender Aussprüche.

Thema: Menschen begegnen Jesus II

1. Jedermann gibt zuerst den guten Wein und, wenn sie betrunken werden, den geringeren; du aber hast den guten Wein bis jetzt zurückbehalten.
2. Es ist ein Kind hier, das hat fünf Gerstenbrote und zwei Fische; aber was ist das für so viele?
3. Herr, wärst du hier gewesen, mein Bruder wäre nicht gestorben.
4. Herr, wenn du willst, kannst du mich reinigen.
5. Guter Meister, was muß ich tun, damit ich das ewige Leben ererbe?
6. Herr, willst du, so wollen wir sagen, daß Feuer vom Himmel falle und sie verzehre.
7. Laßt uns mit ihm gehen, daß wir mit ihm sterben!
8. Niemand, Herr.
9. Das habe ich alles gehalten von Jugend auf.
10. Meine Tochter ist eben gestorben, aber komm und lege deine Hand auf sie, so wird sie lebendig.
11. Wie kann ein Mensch geboren werden, wenn er alt ist?

Die Anfangsbuchstaben ergeben den Autor des folgenden Zitats:

Herr, gib mir solches Wasser, damit mich nicht dürstet und ich nicht herkommen muß, um zu schöpfen!

2. ZWISCHENRUNDE: Zitate aus dem Neuen Testament

Gesucht wird hier jeweils der Autor folgender Aussprüche.

Thema: Apostelgeschichte

1. Herr, ich habe von vielen gehört über diesen Mann, wieviel Böses er deinen Heiligen in Jerusalem angetan hat; und hier hat er Vollmacht von den Hohenpriestern, alle gefangenzunehmen, die deinen Namen anrufen.
2. Man muß Gott mehr gehorchen als den Menschen.
3. Kannst du Griechisch? Bist du nicht der Ägypter, der vor diesen Tagen einen Aufruhr gemacht und viertausend von den Aufrührern in die Wüste hinausgeführt hat?
4. Ja, für diesen Preis.
5. Daß wir in großem Frieden leben unter dir und daß diesem Volk viele Wohltaten widerfahren sind durch deine Fürsorge, edelster Felix, das erkennen wir allezeit und überall mit aller Dankbarkeit an.
6. Geht hin und tretet im Tempel auf und redet zum Volk alle Worte des Lebens.
7. Wenn ihr anerkennt, daß ich an den Herrn glaube, so kommt in mein Haus und bleibt da.

Die Anfangsbuchstaben ergeben eine Bezeichnung für die Jünger Jesu, die in der Apostelgeschichte besonders oft gebraucht wird.

2. ZWISCHENRUNDE: Zitate aus dem Neuen Testament

Gesucht wird hier jeweils der Autor folgender Zitate.

Thema: Die neutestamentlichen Briefe

1. Selig ist der Mann, der die Anfechtung erduldet; denn nachdem er bewährt ist, wird er die Krone des Lebens empfangen, die Gott verheißen hat denen, die ihn lieb haben.
2. Ihr aber, meine Lieben, erinnert euch der Worte, die zuvor gesagt sind von den Aposteln unseres Hern Jesus Christus, als sie euch sagten, daß zu der letzten Zeit Spötter sein werden, die nach ihren eigenen gottlosen Begierden leben.
3. So halten wir nur dafür, daß der Mensch gerecht wird ohne des Gesetzes Werke, allein durch den Glauben.
4. Darin besteht die Liebe: nicht, daß wir Gott geliebt haben, sondern daß er uns geliebt hat und gesandt seinen Sohn zur Versöhnung für unsre Sünden.
5. Denn wir sind nicht ausgeklügelten Fabeln gefolgt, als wir euch kundgetan haben die Kraft und das Kommen unseres Herrn Jesus Christus; sondern wir haben seine Herrlichkeit selber gesehen.
6. Nun aber bleiben Glaube, Hoffnung, Liebe, diese drei; aber die Liebe ist die größte unter ihnen.
7. Denn ihr wißt, daß ihr nicht mit vergänglichem Silber oder Gold erlöst seid von eurem nichtigen Wandel nach der Väter Weise, sondern mit dem teuren Blut Christi als eines unschuldigen und unbefleckten Lammes.
8. Gott ist die Liebe; und wer in der Liebe bleibt, der bleibt in Gott und Gott in ihm.

Die Anfangsbuchstaben der fünf neutestamentlichen Briefautoren lassen sich nicht in ein System zwingen. Aber schwer dürfte es nicht sein, die Zitate Paulus, Petrus, Johannes, Judas oder Jakobus zuzuordnen.

Als Kind wird er von seinem Vater in eine buddhistische Schule geschickt. Doch das dort Gelernte befriedigt ihn nicht. Er befaßt sich mit Konfuzius, doch auch dessen Lehren lassen ihn kalt. Dann lernt er Christen kennen, liest das Neue Testament – und wird Christ. Das selbstlose und aufopfernde Leben eines Missionars beeindruckt ihn besonders und führt ihn zur Bekehrung. In seiner Heimat und später in den USA studiert er Theologie. Als er 21 ist, stellt der Arzt die Diagnose, die sein Leben radikal verändert: Tuberkulose – Lebenserwartung noch etwa ein Jahr! Er beschließt, dieses eine Jahr dem Dienst an Armen und Kranken zu widmen. Wer hätte da gedacht, daß er das biblische Alter von siebzig Jahren erreichen würde? Er lebte von 1888 bis 1960.

Nach diesem Jahr des völligen Einsatzes fühlt er sich gesünder als zuvor; und er bleibt bei den Verzweifelten. Er kann gar nicht aufhören, weil er gebraucht wird. Er schreibt die Geschichte seiner Bekehrung und seiner Arbeit in den Slums – das Buch wird ein Bestseller in Japan. Über Nacht ist er bekannt. Aber er bleibt, wo er ist, und dient, opfert, liebt weiter. Und er schreibt weiter. Die Honorare für seine Bücher steckt er wieder in die Arbeit mit Armen und Bettlern, Dieben und Dirnen, Spielern und Zuhältern. Jetzt wird er auch politisch aktiv. Er gründet Bauerngewerkschaften und wendet sich schroff gegen den Kapitalismus, der seine neuen Freunde knechtet. Er nennt sich selbst einen christlichen Sozialisten. Doch als die japanische Arbeiterpartei ihn zu ihrem Vorsitzenden machen will, lehnt er ab.

Er bleibt im Elendsviertel von Kobe. Dort lebt er in einer winzigen Hütte, fast ohne jeden persönlichen Besitz. Er teilt Mahlzeiten und Schlafmatte mit jedem und nimmt dabei ansteckende Krankheiten in Kauf. Sein Tag beginnt um vier Uhr mit einer Stunde des Betens. Um sechs predigt er den Arbeitern vor den Fabriktoren. Dann folgen Versammlungen und Konferenzen. Zwischendurch schreibt er Briefe oder arbeitet an einem neuen Buch. Und noch gegen Mitternacht diskutiert er mit Studenten über Jesus Christus oder über die soziale Frage. So lernt ihn sein Volk kennen: als Evangelisten und als Helfer der Allerärmsten. Allmählich dringt sein Ruf auch nach Europa: der Japaner, der Christus verkündigt und die Bergpredigt lebt.

72 Er starb den Märtyrertod mit den Worten: »Jesus, Sohn des lebendigen Gottes, der du für uns gekommen bist, erbarme dich meiner.« Sein Tod war nicht vergeblich. Seine richtigen Erkenntnisse wurden wieder aufgegriffen. Hundert Jahre später kam ein anderer, der seine Gedanken weiterführte und durchsetzte. Freilich hatte sein Tod auch andere Folgen. In seiner südosteuropäischen Heimat bildete sich eine Bewegung, die mit Gewalt durchsetzen wollte, was ihr Führer nicht erreicht hatte. Eine große und radikale Gruppe zog plündernd und mordend durch das Land, bis sie schließlich besiegt war.

Dieser Priester und Universitätsprofessor betonte in allen seinen Schriften persönliche Frömmigkeit und Reinheit des Lebens. Seine Kritik richtete sich gegen Wundergläubigkeit und Ablaß, Bilderanbetung und Mißwirtschaft in der Kirche. Das brachte ihm zunächst die Verbannung in die Provinz ein. Hier auf dem Lande schrieb er sein Hauptwerk: »Über die Kirche«. Trotz aller Kritik stand er weiter zu dieser Kirche. Er beschreibt sie aber vom Neuen Testament her als Leib Christi, dessen einziges Haupt Christus ist. Die Autorität der Bibel erschien ihm als die einzig mögliche. Das bedeutete allerdings eine Ablehnung von Papsttum und Bischofsherrschaft – Thesen, die von vielen begeistert aufgenommen wurden. So wurde er zum Führer einer Bewegung.

In der Kirche sah man, daß dieser Mann gefährlich werden konnte. Im Jahr 1415 wurde er deshalb nach Konstanz geladen, wo er seine Lehre vor dem Konzil verteidigen sollte. Doch er erhielt keine Gelegenheit, seine Lehre darzustellen. Obwohl der Kaiser ihm freies Geleit zugesichert hatte, wurde er zum Tode auf dem Scheiterhaufen verurteilt. Er widerrief nichts und starb im Feuer – voller Glaubenszuversicht.

Gesucht wird ein General. »Blut und Feuer« heißt das Motto, unter dem er und seine Offiziere kämpfen. Seine Siege und Niederlagen lassen sich schlecht durch Zahlen belegen. Doch wissen wir immerhin, daß in einem bestimmten Jahr 642 seiner Offiziere tätlich angegriffen wurden. Sechzig seiner Dienstgebäude wurden im selben Jahr vom Feind beschädigt. Der General ist ein Mann von großer Tatkraft. Sein Wesen zeigt durchaus strenge, Gehorsam gebietende Züge. Seine Soldaten treten stets freiwillig in seine Dienste, obwohl er eiserne Disziplin verlangt. Bei seinen 24 Reisen nach Deutschland geht es ihm selbstverständlich um Rekrutenwerbung – mit Erfolg, wie man noch heute sehen kann. **73**

In manchen Fragen ist der General seiner Zeit weit voraus. So herrscht in seiner Armee von Anfang an Gleichberechtigung zwischen Mann und Frau. Und das vor mehr als 100 Jahren! Er gründete seine Armee 1877. In anderen Dingen ist er zumindest recht aktuell. So sieht er die sozialen Probleme in England sehr klar. Entsprechend handelt er und spricht auch die Öffentlichkeit an. Sein Buch »Im dunkelsten England« erregt großes Aufsehen. Hier behauptet er, die unteren zehn Prozent der Bevölkerung Großbritanniens seien ebenso versklavt wie manche Schwarze in den afrikanischen Kolonien. Dem Elend der Menschen in England und aller Welt gilt fortan der Kampf seiner Armee. Doch der Slogan, mit dem heute oft die von ihm ins Leben gerufene Arbeit beschrieben wird, täuscht – zumindest was die Rangfolge betrifft: »Suppe, Seife, Seelenheil«. Dem General und seinen Soldaten geht es letztlich stets um die umgekehrte Reihenfolge.

Der Gesuchte lebte von 1829 bis 1912. Zunächst arbeitet er in der Methodistenkirche als Evangelist. 1865 beginnt er mit seiner Frau eine eigene Zeltmission in den Elendsvierteln Ost-Londons. Das bedeutet auch intensive Sozialarbeit. Aus dem Bemühen, für diese missionarischen wie sozialen Aufgaben eine geeignete Form zu finden, entsteht 1877 die Heilsarmee. Die militärische Form dieser Organisation stört zunächst nicht wenige Christen. Manche sehen in der Armee nur einen Trick des Satans, um das Christentum lächerlich zu machen. Aber der General hat Erfolg. Er lindert die Not von Tausenden und erreicht sie mit dem Evangelium. Den Bekehrten bietet er in seiner Armee eine geistliche Heimat, eine Gruppe, mit der sie sich identifizieren können. Und er bietet ihnen eine große und schwere Aufgabe in der Mitarbeit, für die es sich einzusetzen lohnt.

74 »Die größte Krankheit heute ist nicht Lepra oder die Tuberkulose, sondern vielmehr das Gefühl, unerwünscht zu sein, ohne Fürsorge und verlassen von allen.« Der Frau, die diesen Satz gesprochen hat, geht es folgerichtig nicht um staatliche oder kirchliche Programme, sondern um Liebe. Als »Missionarin der Nächstenliebe« läßt sie alle menschlichen Sicherheiten hinter sich und sucht nicht die Armen, nicht die Einsamen – sie sucht den einzelnen, den armen und einsamen Menschen. Und immer wieder findet sie »Christus in der Verkleidung des Elends.« Sie verließ die Geborgenheit ihrer früheren Gemeinschaft – nicht aus Abenteuerlust, sondern aus Gehorsam dem Herrn Jesus gegenüber. Sie weiß, was sie soll und will: lieben, wie er liebt; dienen, wie er dient; geben, wie er gibt.

Sie ist Präsidentin und Gründerin einer internationalen Vereinigung »aus Männern und Frauen, jungen Leuten und Kindern aller Religionen und Konfessionen in der ganzen Welt, die Gott in ihren Mitmenschen zu lieben suchen . . .« Doch Titel und Namen sind für sie nicht wichtig. Auffallend ist die große Liebe, die sie für jeden Menschen hat und der sich wohl keiner ihrer Besucher – ob reich oder arm, Christ oder Nichtchrist – entziehen kann. Allein und mit nur wenigen Rupien in der Tasche begann sie, für fünf Kinder zu sorgen. Heute kommen Tag für Tag 500 Kinder in ihre Schule. Zigtausend Menschen hat sie mit ihren Helfern auf den Straßen aufgelesen – Kranke und Sterbende vor allem. Und rund 10.000 Aussätzige werden in ihren Heimen betreut. Ihre Mitarbeiter sind heute auf allen Kontinenten zu finden.

Sie wird als Kind albanischer Eltern 1910 in Skopje, Jugoslawien, geboren. Mit zwölf Jahren entschließt sie sich, Nonne und Missionarin zu werden. So geht sie 1929 nach Indien, wo sie bis 1948 an einer Schule ihres Ordens Erdkunde unterrichtet. Einige Jahre ist sie Direktorin dieser Schule. 1946 hört sie den Ruf Gottes, zu den Ärmsten der Armen zu gehen. Nach einer kurzen medizinischen Ausbildung eröffnet sie 1948 ihre erste Schule in den Slums von Kalkutta. Von da an wächst ihr Werk ständig. Doch die »Mutter der Armen« beschränkt sich nicht auf die Leitung ihres Werkes. Sie bleibt – von gelegentlichen Reisen abgesehen – in den Slums von Kalkutta. – 1977 erhält sie die Ehrendoktorwürde der Universität Cambridge und 1979 den Friedensnobelpreis.

»Ecce homo« heißt das Bild von Domenico Feti, das in einer Düsseldorfer Ausstellung zu sehen war. Es zeigt Christus mit der Dornenkrone und enthält noch eine weitere Inschrift: »Das tat ich für dich, was tust du für mich?« Dieses Bild mit dieser Inschrift veränderte das Leben des hier Gesuchten entscheidend. Als er es sah, war er tief beeindruckt. Er beschloß, sein Leben nun ganz dem Herrn Jesus Christus zu weihen. Dabei war dies nicht etwa seine Bekehrung. Schon als Kind glaubte er. Als Junge gründete er mit fünf Gleichaltrigen den »Senfkornorden«. Jeder von ihnen verpflichtete sich, alle Menschen zu lieben und sich für die Ausbreitung des Evangeliums einzusetzen.

Er hätte gern Theologie studiert, doch nach dem Willen seines Vormunds wird es ein Jurastudium. Für einige Jahre ist er dann Jurist und Hofrat in Dresden, bis er sich auf seine Güter am Hange des Hutberges (in der Oberlausitz) zurückzieht. Hier bietet er einer Gruppe von Flüchtlingen Unterkunft. Es sind Menschen, die um ihres Glaubens willen ihre Heimat verlassen mußten. Aus der Beziehung zu dieser Gruppe ergibt sich für den Gesuchten seine eigentliche Lebensaufgabe. Sie bringt ihm kein leichtes, aber doch ein erfülltes Leben. Neben Verleumdungen und Ausweisung aus seiner Heimat stehen Reisen nach Dänemark, England, Nordamerika und Ostindien. Diese Reisen dienen direkt oder indirekt der Mission.

Mission – dieses Stichwort dürfen wir in seinem Lebensbericht nicht auslassen. Als Leiter der »Brüdergemeine« sandte er Missionare bis nach Grönland und zu einer der Antillen-Inseln. Das ist um so bemerkenswerter, als das Wort »Weltmission« zu seiner Zeit noch kaum ein Begriff war. Die Grundlage dazu bot ihm wieder ein persönliches Erlebnis: Zur Krönung des dänischen Königs Christian VI. eingeladen, lernte er den »Kammermohren Anton« kennen, der ihm von der Not auf seiner Heimatinsel St. Thomas erzählte. Nach etwa einem Jahr zogen die ersten Missionare nach St. Thomas, und zwar von Herrnhut aus – wie er unterdessen die Siedlung auf seinen Ländereien nannte. – Er lebte von 1700 bis 1760. Heute verbindet viele Christen mit ihm ein Büchlein, das Jahr für Jahr in über dreißig Sprachen gedruckt wird: die Losungen. Bekannt sind auch seine Lieder, z.B. »Jesu, geh voran«.

76 Seine wichtigste Reise ist nur kurz und geht durch die Luft. Auf einem Querbalken sitzend, wird er an einem Seil etwa zehn Meter nach oben gezogen. Er ist nicht auf der Flucht wie der Apostel Paulus, der an einem Seil hinabgelassen wurde. Vielmehr sucht er etwas recht Wichtiges. Erst beim dritten Anlauf findet er das Entscheidende. Dieser Fund und die Art, wie er ihn auswertet, machen ihn bekannt. Sein Landesherr, der König von Sachsen, ernennt ihn zum Geheimrat. Der russische Zar erhebt ihn in den Adelsstand. König Wilhelm von Preußen empfängt ihn ebenso wie Kaiser Franz Joseph in Wien. Der Gesuchte führt also ein für einen Theologen recht ungewöhnliches Leben.

Er lebt in einer Zeit, in der viele Wissenschaftler – auch Theologen – die Echtheit der biblischen Bücher bezweifeln. David Friedrich Strauß ist der bekannteste Vertreter dieser Kritik. In einem weitverbreiteten Buch erklärt er die ganze Geschichte Jesu Christi für haltlose Sagen. Nur vier Paulusbriefe werden an den meisten Universitäten als echt anerkannt. Tatsache ist, daß die Bibelausgaben im 19. Jahrhundert auf Texte zurückgehen, die wieder und wieder abgeschrieben wurden – also von den Originalen recht weit entfernt sind. Wie aber soll man den Kritikern beweisen, daß die Abschreiber nur wenige und unwesentliche Fehler gemacht haben? Oder wo kann man einen wirklich alten Text finden? Diese Fragen stellt sich der hier Gesuchte. Sie werden ihm zur Lebensaufgabe.

1815 in Sachsen geboren, lernt er schon auf dem Gymnasium mit Fleiß alte Sprachen. Er studiert in Leipzig Theologie und ist dort ab 1840 auch Lehrer. Bei einem Aufenthalt in Paris (1840-1842) wird sein »Adlerauge« erstmals bekannt. Er schafft es dort, einen Text des Neuen Testaments aus dem 5. Jahrhundert zu entziffern. – Berühmt wird er durch seine Reisen zum Katharinenkloster am Sinai. Um in dieses Kloster hineinzukommen, muß er sich an einem Seil zu dem hoch oben liegenden Tor ziehen lassen. Unter dramatischen Umständen findet er dort mehrere alte Handschriften, darunter den berühmten Codex Sinaiticus, einen vollständigen Text des Neuen Testaments aus dem 4. Jahrhundert. Eine große und wichtige Aufgabe ist es für ihn, den gefundenen Text zu veröffentlichen und zu kommentieren. Damit legt er die Grundlage für alle moderne Textforschung und beweist die Zuverlässigkeit unserer Bibeltexte. – Er stirbt 1874 im festen Glauben an seinen Herrn Jesus Christus.

Er ist 1607 in der Nähe von Wittenberg geboren und ist dort **77**
auch Lehrer und Erzieher. Später lebt er als Pastor in Berlin und in der Mark Brandenburg. Er sieht also nicht viel von der Welt. Doch was er sieht, das sieht er richtig. Er sieht genau hin. So kommt es, daß noch heute viele seinen Lobpreis des Schöpfers kennen – nach mehr als 300 Jahren. Manche kennen seine Texte sogar auswendig. Sein Leben ist nicht leicht. Im 30jährigen Krieg sterben vier seiner fünf Kinder. Nach 13jähriger Ehe stirbt seine Frau. Auch als Pfarrer hat er es nicht immer leicht. Als der Große Kurfürst das evangelisch-reformierte Bekenntnis begünstigt, verteidigt er seinen lutherischen Glauben und scheidet schließlich lieber aus dem Amt, als hier Kompromisse zu schließen. Bis zu seinem Tode 1676 ist er dann Pfarrer in Lübben an der Spree.

»Was ist mein ganzes Leben von meiner Jugend an als Müh und Not gewesen« – so bekennt er einmal von sich. Doch diese Klage findet sich nicht in seinen Gedichten oder Liedern. 134 deutsche und 14 lateinische Gedichte haben wir von ihm. In ihnen besingt er die Vatergüte Gottes, die Wunder der Schöpfung, das Tun des großen Gottes. Wälder und Wiesen, Vögel und Blumen – sie alle jubeln das Gotteslob; und seine Lieder fordern uns auf, mit einzustimmen. Daneben schreibt er Lieder des Trostes. Hier wird seine eigene Erfahrung in schweren Zeiten deutlich. Gott der Schöpfer ist auch der liebende Vater, dem wir uns stets anvertrauen können. Auch die Rechtfertigung im Glauben besingt er. Ausgerechnet eines seiner Lieder wird ein Lieblingschoral jenes Kurfürsten Friedrich Wilhelm, dem der hier Gesuchte so tapfer widersteht: »Ist Gott für mich, so trete gleich alles wider mich . . .«

Ohne Übertreibung können wir sagen: Er ist der größte evangelische Liederdichter. Über zwei Dutzend seiner Texte stehen noch heute in den evangelischen Gesangbüchern. Sein vielleicht bekanntestes Lied zeigt uns auch eine Form, die der Dichter besonders liebt: das Akrostichon. Er nimmt den bekannten Psalmvers: »Befiehl dem Herrn deine Wege und hoffe auf ihn, er wird's wohl machen.« Die 12 Verse seines Liedes dazu beginnen nun der Reihe nach jeder mit einem Wort des Verses. Mit »Befiehl du deine Wege« beginnt Vers 1, mit »Mach End« Vers 12. Andere bekannte Lieder von ihm sind: »Geh aus mein Herz und suche Freud«; »Du meine Seele singe«; »Wie soll ich dich empfangen«; »Ich steh an deiner Krippe hier«; »O Haupt voll Blut und Wunden«; »Die güldne Sonne voll Freud und Wonne«.

78 Was ist das Besondere an dieser Frau? Ihren Namen finden wir in keiner Kirchengeschichte, in keinem Lexikon. Und doch haben Millionen von ihr gehört. Viele haben ihre Bücher gelesen oder sie gar selbst gehört. Vortragsreisen führen sie in alle Kontinente. Am liebsten spricht sie in Gefängnissen. Ihre Botschaft ist schlicht. Sie sagt: »Wir können alle in den Himmel kommen – ohne Ruhm, ohne Gelehrsamkeit, ohne Bildung, ohne Schönheit, ohne Freunde, ohne zehntausend andere Dinge – aber wir können nie in den Himmel kommen ohne Jesus Christus.« Und ihre Botschaft wird geglaubt. Warum? Nun, sie kann auch sagen: »Ich habe seine« – nämlich Jesu Christi – »Gegenwart in der tiefsten Hölle, die der Mensch zustande bringen kann, erfahren.«

Die Hölle, von der sie hier spricht, ist ein »Arbeitslager für Frauen«. 52 Jahre ist sie, als sie dorthin gebracht wird. Sie hat nichts Böses getan. Im Gegenteil: Sie kommt in das Vernichtungslager, weil sie anderen Menschen geholfen hat. Mit ihrer Schwester zusammen ist sie dort in einer Baracke untergebracht – 700 Frauen in einem Raum, der für 120 bestimmt ist. Sie hat eine Bibel in das Lager hineingeschmuggelt. So kann sie heimlich Bibelstunden halten; und manche der Frauen finden den Weg zu Jesus. Beim Verhör bekennt sie furchtlos ihren ungebrochenen Glauben. Dabei erlebt sie, daß sich ihr Herr auch zu ihr bekennt. Daß sie am Leben bleibt, ist nicht Absicht ihrer Bewacher. Für diese ist es ein Verwaltungsirrtum. Daß sie am Leben bleibt, ist Plan und Absicht ihres Gottes. Er sorgt dafür, daß sie entlassen wird – und er gebraucht dafür einen Abschreibfehler.

1892 in Holland geboren, lebt sie bis zur Verhaftung durch die Nazis im Hause ihrer Eltern. Ihr Vater, ihre Schwester und sie werden eingesperrt, weil sie versucht haben, holländische Juden vor den Nazis zu retten. Mit ihrer Schwester Betsie kommt sie in das KZ Ravensbrück. Ihre Schwester stirbt dort. Eine Woche vor ihrem Tod weckt Betsie sie mitten in der Nacht. Sie flüstert ihr zu, was Gott ihr gerade gezeigt hat: Sie – die hier gesuchte Schwester – soll nach dem Krieg überall in der Welt bezeugen, wie Gott sie bewahrt und beschützt hat, wie er stärker ist als alle Mächte der Finsternis. Das tut sie dann. Sie wird zur »Weltreisenden im Auftrag Gottes«. Unzähligen Menschen berichtet sie von ihrem Erleben – nein: nicht von sich, sondern von Jesus spricht sie. Daneben schreibt sie Bücher und hält Rundfunkansprachen. Ein Film wird über ihr Leben gedreht. Mit dem Geld, das sie erhält, unterstützt sie eine Reihe von Missionaren in aller Welt. – 1983 ruft Gott sie heim.

Sein Arbeitszimmer ist stets sehr spartanisch eingerichtet, doch **79**
zwei Dinge sind sicher zu finden: die geöffnete Bibel auf dem Tisch und eine Weltkarte an der Wand. Beides hat für ihn – neben anderem – vor allem diese Bedeutung: Bibel und Weltkarte sind Hilfen zum rechten Beten. Vielleicht ist das sogar das auffallendste Merkmal seiner Persönlichkeit: Er glaubt wie wenig andere an die Wirksamkeit des Gebets. Überwältigend sind hier seine Erfahrungen. Er bittet um Geld, er bittet um Mitarbeiter, und – trotz mancher innerer Zerreißprobe – er bekommt, was er braucht. Welchem Ziel könnte er sich sonst verschrieben haben als der Mission? Ja, er ist Missionar; allein zunächst und schlecht versorgt. Später ist er Leiter einer großen und wichtigen Missionsgesellschaft. Er lebt von 1832 bis 1905.

Als 21jähriger geht er zum ersten Male nach China. Das ist das Land, dem seine ganze Kraft, seine evangelistische Liebe gilt. Dort stirbt er auch. Hunger und Kälte, Rebellion und Krieg – nichts kann ihn davon abhalten, das Evangelium auch in die entferntesten Provinzen des großen Reiches zu bringen. Oft ist er der erste Weiße, den die Menschen dort sehen. Als er spürt, wie sehr das seine missionarische Arbeit behindert, beschließt er, »den Chinesen ein Chinese« zu werden. Chinesisch gekleidet und mit einem Zopf versehen kann er die Menschen besser erreichen. Doch das ist nicht die einzige Neuerung, die er einführt. Aus seinen Erfahrungen erwächst der Gedanke, daß die Leitung der Mission nicht im fernen Europa sein dürfe. Der Missionsleiter soll stets nahe bei seinen Mitarbeitern sein. Und noch zwei Neuerungen: Er sendet als erster auch Missionare ohne Theologiestudium aus. Und außerdem ist er der erste, der eine wirklich überkonfessionelle und internationale Missionsgesellschaft gründet.

Es ist die China-Inland-Mission, die aus seinem Wirken entsteht. Der Gesuchte ist in England geboren. Mit 17 Jahren bekehrt er sich und beginnt bald darauf eine medizinische Ausbildung mit dem Ziel, Missionar zu werden. 1853 geht er zum ersten Male nach China und kommt dort mitten in Kriegswirren hinein. Die finanzielle Versorgung aus dem fernen England klappt zudem gar nicht. Hier lernt er, unter kaum vorstellbaren Bedingungen zu leben, indem er sich ganz von Gott abhängig macht. Diese Erfahrungen qualifizieren ihn später zum Leiter des Werkes. Aus gesundheitlichen Gründen kehrt er 1860 nach England zurück. Dort sieht er sich jedoch nur um so mehr für China verantwortlich. 1865 kommt es zur Gründung der Missionsgesellschaft, der er fortan vorsteht. So oft es seine Gesundheit zuläßt, ist er in China. Er lernt, gezielt für Missionare zu beten. Einmal betet er mit seinen Freunden um hundert neue Missionare in einem Jahr. Und 102 Missionare werden in jenem Jahr 1887 ausgesandt.

80 Paulus schreibt, daß Gott neben den Aposteln und Propheten den Gemeinden Evangelisten, Hirten und Lehrer gibt. Dabei gilt im allgemeinen, daß ein Evangelist kein Lehrer, ein Hirte (oder Seelsorger) kein Prophet ist. Der hier vorgestellte Mann ist jedoch wirklich Evangelist, Hirte und Lehrer. Manche sagen, er sei die größte christliche Persönlichkeit seines Jahrhunderts. Doch wer mag da urteilen? Vermutlich ist er aber der bekannteste, meistgehörte und meistgelesene Verkündiger seines Jahrhunderts. Und das, obwohl er sich weigert, für hohes Honorar einen Evangelisations-Feldzug in Amerika durchzuführen. Er hat auch zu Hause genug zu tun. Sonntag für Sonntag predigt er vor rund 6000 Menschen. Seine Bücher werden noch zu Lebzeiten in 33 Sprachen übersetzt. Eines seiner Bücher erreicht in England eine Auflage von 500.000 Stück. Auch die amerikanischen Christen lernen ihn durchs Lesen kennen: Zeitungen lassen sich die Sonntagspredigt telegraphisch übermitteln und drucken sie dann ab.

»Meine ganze Theologie ist auf vier Worte zusammengeschrumpft: Jesus starb für mich.« Dieser Satz, kurz vor seinem Tod geschrieben, faßt das Thema seiner Tätigkeit zusammen. Er wird 57 Jahre alt. Nach seinem Tod in Südfrankreich wird er in die englische Heimat überführt. 1834 wurde er als ältestes von 17 Kindern geboren. Vater und Großvater sind Pastoren, doch der kleine Charles geht einen eigenen Weg. Auf den Realschulbesuch folgt eine Lehrerausbildung. Mit 16 Jahren bekehrt er sich. Bald darauf läßt er sich in einer kleinen Baptistengemeinde taufen. Er beginnt, in der Sonntagsschule mitzuarbeiten und Traktate zu verteilen. Seine erste Predigt läßt nicht lange auf sich warten. Bald wird er zum Pastor einer kleinen Gemeinde berufen. Er ist noch nicht 20 Jahre alt – und ohne theologische Ausbildung –, als er Prediger einer großen Baptistengemeinde in London wird.

Seine bilderreiche und sehr direkte Predigtweise machen ihn hier schnell berühmt. Viele kommen nur aus Neugierde – und bekehren sich. So wird die Kirche bald zu klein. Die Gemeinde baut das Metropolitan Tabernacle, in dem er nun bis zu seinem Tod jeden Sonntag zu rund 6000 Menschen spricht. Er gründet ein Predigerseminar, ein Waisenheim und eine Gesellschaft zur Verbreitung christlicher Literatur. Als »Fürst der Prediger« ist er auch heute noch bekannt. Von seinen Büchern erfreuen sich besonders die »Kleinode göttlicher Verheißungen« und »Die Schatzkammer Davids« (Psalmauslegung) noch heute großer Beliebtheit.

Der Gesuchte wird 1813 in einem schottischen Dorf geboren. **81**
Seine Eltern sind arm. Als Zehnjähriger muß er 14 Stunden am Tag in einer Weberei arbeiten. Dabei soll immer ein Buch vor ihm gelegen haben. Er liest alles, was er über China finden kann. Diesem fernen Land gehört seine große Liebe. Das gilt auch, als er nach seiner Bekehrung Theologie und Medizin studiert. Er will Missionsarzt werden. Aber es kommt anders, als er denkt. Statt in China verbringt er dreißig Jahre seines Lebens in Afrika. Und nicht als Arzt wird er bekannt. Die größten Ehrungen erhält er auf einem anderen naturwissenschaftlichem Gebiet. Er selbst versteht sich sein ganzes Leben lang als Missionar - freilich nicht im engeren Sinne des Verkündigers und Gemeindegründers.

Auf einer Reise in Afrika entdeckt er eines Morgens ein kleines schwarzes Mädchen unter seinem Wagen. Dorthin ist es vor Sklavenhändlern geflüchtet. Für den Gesuchten führt diese Begebenheit zu einer der Hauptaufgaben seines Lebens: Kampf dem afrikanischen Sklavenhandel, der in den Händen der Araber liegt. Überhaupt geht es ihm darum, den Afrikanern zu helfen. Soziales Engagement und Verkündigung des Evangeliums sieht er nie als Gegensatz. Der Sklaverei meint er am besten mit besseren Wirtschaftsformen beikommen zu können. Christentum, Handel und Zivilisation sieht er – anders als wir heute – als mögliche Verbündete. Eine andere Grundidee seines Handelns ist dagegen noch heute aktuell: Für ihn besteht kein Gegensatz zwischen biblischer und naturwissenschaftlicher Wahrheit. Deshalb beginnt er, in Afrika intensiv zu forschen; und er ist überzeugt, so Wege für das Evangelium zu öffnen.

Seine Forschungsreisen machen ihn berühmt. Als erster Weißer steht er an den großen Victoriafällen des Sambesi. Er stößt bis zum Victoriasee vor, und er glaubt – irrtümlich –, die Nilquellen entdeckt zu haben. Den Sambesi nennt er »Gottes Straße ins Innere«. Bei allen Afrikanern ist er hochangesehen. Sie haben absolutes Vertrauen zu ihm. Auch damit baut er Wege für das Evangelium. – Von seiner letzten großen Forschungsreise kehrt er nicht zurück. Nach vielen Schwierigkeiten erkrankt er ernsthaft. 1871 findet ihn Henry Moreland Stanley, der Reporter des »New York Herald«, der ihn mit seiner Expedition sucht. Doch Stanley kann ihn nicht zur Umkehr bewegen. So stirbt der »Missionar, Forscher und Menschenfreund« – wie es auf der Grabinschrift in der Londoner Westminster Abbey heißt – 1873 im tiefen Afrika.

82 Sein Name wurde zum Begriff der Hoffnung für Millionen. Mutig stellte er sich an die Spitze einer Bewegung, die für die Rechte derjenigen kämpfte, denen sie vorenthalten wurden. Dabei schreckte er nicht vor Gefahren zurück, die sich für ihn und seine Familie ergaben. Er nahm Schläge und Gefängnis in Kauf. Er ließ sich durch Verunglimpfungen nicht entmutigen. Dabei schlug er nie mit den Mitteln zurück, mit denen er angegriffen wurde. Deshalb hatte er auch manche Feinde bei den Unterdrückten: Einigen war er nicht radikal genug.

Liebe ist stärker als Haß – das war die biblische Botschaft, die er durch Wort und Tat verkündete. Als Führer der Bürgerrechtsbewegung hämmerte er diesen Satz seinen Anhängern und Mitstreitern immer wieder ein. Dabei kamen ihm die Methoden der Gewaltlosigkeit zugute, die er bei einem indischen Politiker und religiösen Führer studiert hatte. Er erreichte, daß Hunderttausende die Methode des gewaltlosen Widerstandes praktizierten – und schließlich Erfolg hatten.

1929 wurde er als Sohn eines Baptistenpastors in Atlanta geboren, mit dem er Namen und Beruf gemeinsam hat. 1955 leitete er in Montgomery/Alabama den bekanntgewordenen Bus-Streik und erreichte schließlich die Aufhebung der Rassentrennung in öffentlichen Verkehrsmitteln. Als Vorsitzender der Southern-Christian-Leadership-Conference und dynamischer Führer der Bürgerrechtsbewegung in den USA wurde er weltberühmt. 1964 erhielt er den Friedensnobelpreis. 1968 wurde er – 39jährig – von einem Attentäter erschossen. Doch sein Opfer war nicht vergebens. Die Rassentrennung wurde aufgehoben; und die Lage der schwarzen Amerikaner heute ist mit der vor 30 Jahren kaum noch vergleichbar.

Sohn reicher Eltern überwirft sich mit Vater und schockiert Umgebung mit seiner Kleidung aus Lumpen. Das ist eine Geschichte, die sich auch in unserer Zeit ereignen kann. Doch hier handelt es sich um einen anderen Fall: Der junge Mann hält in jeder Hinsicht durch. Was er erkannt hat – in Krankheit und Gefangenschaft, durch Bekehrung und direktes Reden Gottes – das setzt er um in sein Leben. So kommt es, daß wir heute – 800 Jahre später – seinen Namen kennen und schätzen. Dabei ist er in seiner Zeit durchaus umstritten. »Il pazzo – der Narr« ist er für die einen, »verrückt«, »eine öffentliche Gefahr«, »ein verkappter Ketzer« für die anderen. Aber er hat auch Freunde und Anhänger. »Fratres Minores« – »die geringen Brüder« – nennen sie sich. Später zieht er sich dort aus der Leitung zurück, weil er an seinen radikalen Forderungen festhält.

1182 in Italien geboren, wollte er zunächst Ritter werden. Jeder glaubte, er habe ein reiches Leben vor sich. Tatsächlich begleitet er später ein Kreuzfahrerheer nach Ägypten. Aber er ist schon ein merkwürdiger Ritter: völlig unbewaffnet und in Lumpen gehüllt. So zieht er auch zu dem mohammedanischen Sultan und predigt ihm das Evangelium – leider vergeblich. In Europa wird er unterdessen bekannt. Viele achten und lieben ihn. Strikt lehnt er weiter allen Besitz für sich ab. »Schwester Armut« nennt er das Freisein von allen Dingen. Er kümmert sich um Kranke und pflegt Aussätzige.

Nicht nur einem Sultan predigt er. Man erzählt sich, er habe auch Vögeln gepredigt. Er sieht in Tieren und Pflanzen Geschöpfe Gottes, die ihn zum Lob des Schöpfers führen. Besonders bekannt ist sein »Sonnengesang«. Nicht von ungefähr nahm man lange Zeit an, auch das Gebet »O Herr, mache mich zu einem Werkzeug deines Friedens« stamme von ihm. Es ist in unserem Jahrhundert entstanden, ohne Frage ganz seinen Geist atmend. Er will Jesus in allem wirklich nachfolgen. Es wird berichtet, daß am Ende seines Lebens die Wundmale Jesu an seinem Körper sichtbar wurden. Sein Leib (»Bruder Esel« nennt er ihn) ist verbraucht. Er läßt sich nackt auf den Boden legen und stirbt – 44jährig – mit den Worten: »Willkommen, Bruder Tod«.

84 Er ist schon ein bekannter Prediger in Zürich, als man ihn dort von einer ganz anderen Seite kennenlernt. Mitten in der Fastenzeit wird in einer Gesellschaft Wurst gegessen – und der hier Gesuchte ist dabei. Zwar ißt er selbst nicht von der Wurst, doch er verteidigt das Tun der Leute in öffentlicher Predigt. Deshalb angegriffen, läßt er seine Predigt sogar drucken: »Vom Erkiesen und Freiheit der Speisen« nennt er seine Schrift. Es bleibt nicht seine einzige Veröffentlichung. Neben seinem Hauptwerk: »Über die wahre und falsche Religion« gibt er eine Reihe von kleineren Schriften heraus – zumeist in der Auseinandersetzung mit seinen Gegnern. Diese sind nicht nur zahlreich, sondern finden sich auch in den verschiedensten religiösen Lagern. Schließlich muß er sogar gegen seine Feinde in die Schlacht ziehen. Und dabei findet er den Tod.

Feldprediger ist der Gesuchte schon einmal gewesen. Als junger Priester wirkt er zunächst als Lehrer, dann als Feldprediger. Später ist er »Leutpriester« am Großmünster zu Zürich. Hier hält er sich in seinen Predigten nicht an die von der Kirche vorgegebenen Bibeltexte. Stattdessen predigt er das Matthäus-Evangelium durch – und danach die Apostelgeschichte. So geht es in Zürich bald um Sündenerkenntnis, um Rechtfertigung aus Gnade, um Glauben als Vertrauen – kurz gesagt: um das eigentliche Evangelium. Schließlich kommt es zur Reformation in Zürich. Der Gesuchte bestimmt den Kurs der neuen Kirche und setzt sich dabei deutlich von allen anderen Gruppen ab. Er ist nicht nur ein Gegner der päpstlichen Kirche. Er wendet sich ebenso gegen die Täufer. Auch mit Martin Luther kann er sich nicht einigen. Bei dem Gespräch mit ihm geht es vor allem um die Abendmahlslehre. Luthers Aussage, Brot und Wein *seien* Christi Fleisch und Blut, stellt er entgegen: Brot und Wein bedeuten Fleisch und Blut.

Der Gesuchte wird 1484 in einem Schweizer Alpendorf geboren. Seine Studien in Wien und Basel bereiten ihn auf das geistliche Amt vor. Er lernt Erasmus von Rotterdam kennen, den großen Humanisten. Dieser ermutigt ihn, ein falsches Kirchenverständnis und seine Auswüchse zu bekämpfen. Doch entscheidend ist für ihn sicher etwas anderes: Als 1519 die Pest in Zürich wütet, erkrankt auch der hier Gesuchte.Ob er in dieser Zeit seine Bekehrung erlebt? Viele meinen das. Fest steht, daß der Gesuchte ein anderer ist, als er die Pest überstanden hat. Er ist fest entschlossen, die Lehren der Bibel allein zur Grundlage seines Lehrens zu machen. Die ihm verbleibende Zeit benutzt er, um die Kirche neu zu ordnen. Nicht immer geht er dabei glücklich vor. In der Schlacht bei Kappel 1531 ist er als Feldprediger dabei. Er fällt im Kampf gegen die katholisch gebliebenen Kantone.

»Ich glaube, um zu erkennen.« Das ist ein wichtiger Satz des hier **85** gesuchten Mannes. Er war Prediger, Seelsorger, Richter, Philosoph, Schriftsteller, Organisator christlicher Liebestätigkeit, Verteidiger des Glaubens, Mönch, Bischof, Lehrer, Verfasser von 232 Büchern, 218 Briefen und 500 Predigten. Sein Einfluß auf Theologie und Philosophie ist kaum hoch genug einzuschätzen. Sein Leben lang ist er ein Suchender, ein Forschender, ein Fragender. So hat man ihn auch den »Faust seiner Zeit« genannt. In seiner Jugend verachtet er den christlichen Glauben. Er ist ihm nicht intellektuell genug. Dann gerät er für neun Jahre unter den Einfluß einer Sekte. Später ist er ein entschiedener Verteidiger der Kirche und ein ernster Gegner jener Sekte.

Er wird in Nordafrika geboren, und dort stirbt er auch. Doch die entscheidenden Jahre seines Lebens verbringt er in Italien, vor allem in Rom und Mailand. In Afrika gibt ihm seine fromme Mutter eine christliche Erziehung. Doch der Sohn fühlt sich mehr zum Vater hingezogen, der kein Christ ist. Bald beginnt er, ein ausschweifendes Leben zu führen – später spricht er selbst von einem »wüsten Leben in Sünde«. Mit 18 Jahren wird er Vater eines unehelichen Sohnes. Um so entschiedener ändert sich sein Leben, als er sich in Italien bekehrt und im Alter von 33 Jahren taufen läßt. Bald lebt der Gesuchte als Mönch. Doch mit der Priesterweihe im Alter von 37 Jahren ist sein Klosterleben zuende. Vier Jahre später wird er Bischof.

354 in Thagaste (im heutigen Algerien) geboren, stirbt er 430 als Bischof in Hippo Regius (heute Bône in Algerien), während die Vandalen die Stadt belagern. Seine Mutter Monika hat viel für ihn gebetet. Er zieht von Karthago nach Rom, als er die Vorwürfe Monikas nicht mehr hören kann. In Mailand legt er seine Vorurteile gegen den christlichen Glauben ab, als er den gelehrten Bischof Ambrosius kennenlernt. Monika und Ambrosius mögen ihn beeinflußt haben, doch sein Bekehrungserlebnis verdankt er Gott selbst: »Ich hörte aus dem benachbarten Haus die Stimme eines Knaben oder eines Mädchens in singendem Tone öfters wiederholen: ›Nimm und lies‹ . . . Ich konnte mir keine andere Erklärung geben, als daß eine göttliche Stimme mir empfehle, die Schrift zu öffnen.« Als er die Bibel wirklich aufschlägt, fällt sein Blick auf Römer 13,13-14 (». . . nicht mit Fressen und Saufen, nicht in Unzucht und Ausschweifung, nicht in Streit und Eifersucht; sondern ziehet den Herrn Jesus Christus an«).

86 Gesucht wird ein sehr umstrittener Mann; einer, der jedoch eine Entscheidung von großer Tragweite getroffen hat. Zwei Urteile über ihn: »ein wesentlich unreligiöser Egoist« und »kalt berechnender Politiker« (J. Burckhardt) – »der frömmste, der gottesfürchtigste Kaiser« (Euseb). Seine weitreichende Entscheidung hat zwei Seiten, und sie bietet Vor- und Nachteile. Die Beurteilung hängt natürlich von unserer Wertung der Folgen ab. Zu seiner Zeit haben die meisten Christen die Entscheidung positiv gewertet. Je weiter die Zeit fortschreitet, desto kritischer werden die Beurteilungen. Einige Folgen seien genannt. Einerseits: Der Sonntag wird gesetzlicher Feiertag. Andererseits: Viele werden Christen um mancher Vorteile willen – und nicht um des Glaubens willen.

Dieser römische Kaiser ist eine schillernde Persönlichkeit: Er läßt sich erst auf dem Sterbebett taufen. Er läßt seine Frau, einen Sohn und viele politisch Andersdenkende ermorden. Er trägt den altrömischen Titel »pontifex maximus – Oberpriester« bis zum Tode. Er beruft das erste große Konzil ein und leitet es wie ein Bischof selbst. Bei dem Konzil geht es aber um nichts Geringeres als die Frage: Wer ist Jesus – gottähnlicher Mensch oder Gottes Sohn?

Der Kaiser regiert von 306 bis 337. Im Jahre 312 kommt es zum Kampf gegen seinen Rivalen Maxentius. Er erzählt selbst, er habe am Vorabend der Schlacht ein Kreuz und die Inschrift »In diesem Zeichen siege« gesehen. In dieser Schlacht bei der Milvischen Brücke siegt er. Als Dank Gott gegenüber beschließt er: »Keinem Menschen soll die Freiheit versagt werden, Brauch und Kult der Christen zu befolgen und zu erwählen.« Das ist Religionsfreiheit – ein großer Fortschritt. Aber es ist auch der erste Schritt zum Staatschristentum.

Menschen, die ihrer Zeit voraus sind, haben es oft schwer. Das trifft auch auf den hier gesuchten Mann zu. Hätte er 150 Jahre später gelebt, so wäre er vermutlich Führer einer großen Bewegung geworden. Doch ganz erfolglos bleibt er auch zu Lebzeiten nicht. Er hat viele Anhänger. Man nennt sie Lollarden – ein unklarer Begriff. Vielleicht bedeutet er »Murrer«, vielleicht auch »Unkrautsäer«. Die Lollarden sind auch nach dem Tode des hier Gesuchten noch recht einflußreich. Sie gründen viele kleine Bibelkreise und haben sogar eigene Geistliche. Doch von Jahr zu Jahr wird ihre Verfolgung stärker. Außerdem findet sich keine neue Führerpersönlichkeit, kein Nachfolger des Gesuchten. Schließlich wird diese biblisch orientierte Reformbewegung bedeutungslos. – Heute gibt es eine große Zahl von Missionaren, die sich nach dem Namen des Gesuchten nennen. Sie haben in aller Welt eine wichtige Spezialaufgabe – die gleiche Aufgabe, die der Gesuchte damals für sein Land in Angriff nimmt. **87**

Er lebt im 14. Jahrhundert (ca. 1320-1384) in England und ist ein hochgeachteter Theologie-Professor in Oxford. Lange Zeit steht er in der hohen Gunst des Königs, verteidigt er doch geist- und wirkungsvoll die nationalen Interessen gegen die päpstlichen. Der Streit verschärft sich, als seine Schrift erscheint »Über Christus und seinen Gegner, den Antichrist«, womit der Papst gemeint ist. Doch er bleibt nicht bei der Kritik stehen. Vielmehr entwickelt er in neuen Schriften eine Lehre, die in vielem die reformatorischen Gedanken Martin Luthers vorwegnimmt. So fordert er, die Bibel allein zur Grundlage aller Theologie und Lehre zu machen. Alles, was nicht aus der Schrift bewiesen werden kann, ist Menschenwerk und soll daher verworfen werden. Er wendet sich gegen Ablaß und Fegefeuer, Heiligenkult und Bilderverehrung, gegen die Priesterweihe und gegen den Papst selbst. Die Kirche soll sich von aller weltlichen Macht fernhalten. Es dürfe keine Vorrechte für Priester geben; und nach der Bibel sei jeder Christ zum Priester berufen.

Es ist verständlich, daß ihm viele zulaufen – eben die Lollarden. Es ist aber auch klar, daß er auf viel Widerspruch, ja Verfolgung stoßen muß. Vielleicht hat er – für seine Zeit – den Bogen überspannt, als er die katholische Abendmahlslehre ablehnt. Er verliert die Gunst des Königs und gilt als Irrlehrer. Eine Synode verwirft seine Lehren. Er muß Oxford verlassen. Zuletzt lebt er in der kleinen Stadt Lutterworth als Landpfarrer. Hier entsteht sein bedeutendstes Werk: die Übersetzung der Bibel aus dem Lateinischen ins Englische. Diese erste englische Bibel gewinnt großen Einfluß. Auch nach seinem Tode treffen sich die Lollarden noch, um in ihrer Bibel zu lesen.

88 Der Sohn eines preußischen Beamten wird Pastor und auch Abgeordneter im preußischen Landtag. Hier – doch nicht nur hier – wird er für manchen recht unbequem: Ein Pastor, der die soziale Not seiner Zeit – des 19. Jahrhunderts – anspricht und auch angreift. So gründet er einen Verein mit dem Ziel, Arbeitern zu eigenen Häusern zu verhelfen. Doch damit nicht genug. Er versucht auch sonst, den Armen, den Kranken, den Abgeschobenen zu helfen; und er erreicht dabei tatsächlich sehr viel. Wie ist das möglich? Genügt hier der Hinweis auf seine große Begabung, aus fast nichts etwas Großes zu machen? Entscheidend ist wohl, daß er sich als Christ herausgefordert sieht und sich so voll einsetzt. Zu solchem Einsatz gibt Gott allemal seinen Segen. Dabei ist sein Tun durchaus nicht auf den sozialen Bereich beschränkt. Er gründet auch eine theologische Schule, und er ist ein wichtiger Mitarbeiter der Ostafrikanischen Missionsgesellschaft.

Der Beamtensohn studiert zunächst Naturwissenschaften und befaßt sich mit Fragen der Landwirtschaft. Eines Tages erhält er ein christliches Traktat, das ihn sehr anspricht. Bald darauf beginnt er, Theologie zu studieren. 1858 übernimmt er seinen ersten Dienst als deutscher Pastor in Paris. Hier sieht er sich mit Bettlern, mit Kranken, mit Hoffnungslosen konfrontiert, denen – wie er bald erkennt – das Evangelium in besonderer Weise gilt. 1864 ist er wieder in Deutschland. Als Pfarrer in der Nähe von Essen tätig, erlebt er das, was ihn fortan geprägt hat: Innerhalb von 14 Tagen sterben seine vier Kinder. Später sagt er dazu: »Damals merkte ich, wie hart Gott gegen die Menschen sein kann. Und darum bin ich barmherzig geworden gegen andere.« Er übernimmt bald die Leitung eines Diakonissenhauses mit einer kleinen Pflegeanstalt für Epileptiker. Unter seiner Leitung beginnt nun das Werk zu wachsen.

Epilepsie oder Fallsucht – so entdeckt der Gesuchte bald – gibt es nicht nur in seiner Anstalt bei Bielefeld. Er sieht die »Fallsucht« auch bei den Gestrauchelten, bei den Alkoholikern, bei den »Brüdern von der Landstraße«. Auch ihnen gilt seine Liebe. Ihnen allen will er helfen; und er will ihnen nicht nur »Obdach gewähren«, sondern ein Zuhause für sie schaffen. Er will keine große Anstalt aufbauen, sondern ein Dorf, in dem jeder seinen Fähigkeiten entsprechend arbeiten kann. Mittelpunkt des Dorfes – seiner Gemeinde – soll die Zionskirche sein. So entsteht Bethel – die Stadt der Barmherzigkeit. Bei seinem Tode im Jahre 1910 ist sie für 7000 Menschen zur Heimat geworden.

Gesucht wird ein Träger des Friedensnobelpreises. Er ist über Jahrzehnte das große Vorbild vieler junger Menschen. Wer ist dieser Mann, der durch sein Tun und durch seine Bücher weltberühmt wird? Der als Musiker und Musikwissenschaftler Beachtliches leistet? Der – last not least – schon als junger Theologe die bisherige Erforschung des Lebens Jesu kritisch prüft? Allerdings: Gerade ernste Christen – evangelische wie katholische – haben einigen seiner eigenen theologischen Thesen stets widersprochen. Der Gesuchte wird 90 Jahre alt. Doch die letzten zwei Drittel seines Lebens verlaufen völlig anders als das erste Drittel. Das Besondere dabei ist: Der Bruch im Alter von 30 Jahren ist von ihm weitgehend gewollt und geplant. **89**

Gesucht wird ein Missionsarzt. Im heutigen Gabun – in Westafrika also – arbeitet er fast 40 Jahre unermüdlich zum Wohl der kranken Menschen. Anfangs behandelt er seine Patienten im Freien unter glühender Sonne; dann in einem eilends hergerichteten Hühnerstall. Dann muß er seine Arbeit für zehn Jahre unterbrechen. Der erste Weltkrieg beginnt, und die französischen Kolonialbeamten behandeln ihn zunächst als Kriegsgefangenen. Auch nach dem Krieg kann er nicht sofort wieder anfangen. Da er seine Arbeit ohne Bindung an eine Missionsgesellschaft oder Kirche tut, muß er selbst für Geld zum Wiederaufbau seines Spitals sorgen. Er tut es durch Orgelkonzerte, durch Vorträge und indem er Bücher schreibt. 1924 finden wir ihn wieder in Afrika.

Gesucht wird ein 1875 im Elsaß geborener Sohn eines evangelischen Pastors. Er studiert zunächst Theologie und Musik. Er wird Prediger, Privatdozent in Straßburg, und bald ist er ein großer Orgelspieler. Doch dann plant er sein anderes Leben. Er sieht die große humanitäre Aufgabe, die die Europäer bei den Menschen anderer Kontinente haben. Dabei vergleicht er die Europäer mit dem reichen Mann im Gleichnis, die Menschen draußen dagegen mit dem armen Lazarus. So beginnt er als Dreißigjähriger sein Medizinstudium und geht 1913 als Arzt nach Lambarene. Nun ist er zwar weit entfernt von allem, was Kultur und Zivilisation bedeutet, doch seine Gedanken und Ideen verbreiten sich weiter in der Welt. »Ehrfurcht vor dem Leben« heißt sein Motto, das bald weit bekannt wird. Kritisch schätzen auf die Bibel gegründete Christen seine Gedanken von einem Christentum ohne Kirche ein. Doch nicht nur Kirchenleute, auch manche Sozialwissenschaftler widersprechen ihm. Entscheidend bleibt jedoch sein wahrhaft christliches Vorbild: Er verzichtet auf eine glänzende akademische Karriere in Europa, um dem »armen Lazarus« in Afrika zu helfen.

90 Askese, Mystik, Meditation, Versenkung, Quietismus – wir kommen an diesen uns vielleicht fremd erscheinenden Ausdrükken nicht vorbei, wenn wir das Leben des hier Gesuchten betrachten. Er lebt im 18. Jahrhundert (1697-1769). Alles, was er tut, kommt aus einer sehr innigen Beziehung zu Jesus Christus, seit er sich als 27jähriger mit dem eigenen Blut seinem Heiland verschrieben hat. Lange Zeit seines Lebens verbringt er völlig zurückgezogen bei Bibelstudium und Gebet. Dabei ist er kein Theologe. Er hätte zwar sehr gern Theologie studiert, doch dazu fehlen ihm die Mittel. So wird er Kaufmann, zieht sich aber bald aus diesem Beruf zurück und wird Bandwirker. Jetzt hat er viel mehr Zeit für fromme Übungen und für die Poesie. Er schreibt viele geistliche Verse und Lieder.

»Die Stillen im Lande« – so nennt sich der Freundeskreis um den hier Gesuchten. Sie nennen sich so nach einem Psalmwort (Ps. 35,20), um die Bedeutung der Versenkung und der Abgeschiedenheit mehr zu betonen. Ihr stiller Protest richtet sich gegen den Vernunftglauben oder Rationalismus, der in jener Zeit auch in vielen Kirchen herrscht. Der Gesuchte schreibt sogar ein Buch gegen den preußischen König Friedrich den Großen, den »Philosophen von Sanssouci«. Der König soll daraufhin gesagt haben: »Das können die Stillen im Lande auch?« Natürlich schreibt unser Autor auch andere Bücher. »Geistliches Blumengärtlein« oder »Geistliche Brosamen« oder »Der Frommen Lotterie« – eine Sammlung von frommen und fröhlichen Vierzeilern für jeden Tag. Doch am bekanntesten sind seine Lieder geworden.

Er schreibt 111 geistliche Lieder, von denen sich ein knappes Dutzend auch noch in den neuesten deutschen Kirchengesangbüchern finden, darunter »Ich bete an die Macht der Liebe«; »Nun so will ich denn mein Leben völlig meinem Gott ergeben«; »Nun sich der Tag geendet«. Am bekanntesten ist wohl das seiner Lieder, das wie eine Zusammenfassung seiner Botschaft wirkt:

> Gott ist gegenwärtig. Lasset uns anbeten und in Ehrfurcht vor ihn treten. Gott ist in der Mitten.
> Alles in uns schweige
> und sich innigst vor ihm beuge.
> Wer ihn kennt, wer ihn nennt, schlag die Augen nieder;
> kommt, ergebt euch wieder.

»Erwartet große Dinge von Gott; unternehmt große Dinge für Gott!« Das war der Leitsatz eines Mannes, der soviel wie kaum ein anderer Mensch für die Weltmission tat. Dabei hätte niemand erwartet, daß aus ihm noch einmal etwas Besonderes werden würde. Weil das Geld zum Studium nicht reicht, beginnt er, einen einfachen Handwerksberuf zu erlernen. Doch in seiner Freizeit – und manchmal auch während der Arbeit – lernt er griechische und lateinische Vokabeln. Seine Begabung zum Sprachenlernen ist mehr als erstaunlich: 34 Sprachen beherrscht er schließlich. Und er nutzt seine Begabung. 30 Bibelübersetzungen fertigt er an oder entstehen unter seiner Leitung. **91**

Die kleine Baptistengemeinde, die ihn als 22jährigen tauft, erkennt bald seine Begabung. Er wird zum Predigen eingeladen und als 26jähriger zum Pastor der Gemeinde berufen. Freilich reicht auch hier das Geld nicht für ein gutes Gehalt. So muß der junge Pastor zunächst weiter seinem Handwerk nachgehen. Drei Jahre später wird er als Pastor einer großen Gemeinde berufen. Dann veröffentlicht er ein Buch: »Untersuchung über die Pflicht der Christen, die Bekehrung der Heiden zu betreiben.« Man hat es später die »erste und größte Missionsschrift in englischer Sprache« genannt. Später! Denn für ihn beginnt jetzt erst die eigentliche Aufgabe. Bis zur Gründung einer Missionsgesellschaft hat er noch viele Bedenken und Einwände und viel Ablehnung zu verkraften. Und auch dann wird das Leben nicht einfacher für ihn. Er zieht selbst – mit seiner Familie – auf das neue Missionsfeld. Weil Missionare dort durch den Einfluß einer machtvollen Handelsgesellschaft als unerwünscht gelten, reist er illegal ein und schuftet dort zunächst als Hilfsarbeiter.

Auch hier erlebt er Ablehnung und Demütigungen. Doch er hat auch Erfolge. Zusammen mit zwei anderen baptistischen Missionaren läßt er ein dichtes Netz von Missionsstationen in Bengalen entstehen. Außerdem übersetzt er die Bibel in Sprachen, die er selbst zu diesem Zweck erst lernen muß. Wörterbücher und Grammatiken dieser Sprachen gibt er als Nebenprodukt seiner Arbeit heraus. Sein größtes Verdienst liegt jedoch in der Gründung jener Baptistischen Missionsgesellschaft. »Auftakt zum Jahrhundert der Weltmission«, so sagt man später dazu. Doch bei allem späten Ruhm bleibt er demütig. Von einem hochnäsigen General gefragt, ob er wirklich Schuhmacher gewesen sei, antwortet er gänzlich ungekränkt: »Nein, nur Flickschuster.« – Er hat Indien nicht mehr verlassen. 1834 stirbt er dort – 73jährig.

92 »Wer bin ich?« so fragt der Gesuchte selbst in einem seiner Gedichte. Er schreibt es in einer schwierigen Lage. Die wenigen Menschen, mit denen er reden kann, sind ihm kein Gegenüber für diese Frage. So ist er ganz auf sich selbst gestellt. Mit aller Schärfe seines Intellekts untersucht er sich. Doch er verzweifelt nicht. Das Gedicht schließt:

»Wer bin ich? Einsames Fragen treibt mit mir Spott.
Wer ich auch bin, Du kennst mich, Dein bin ich, o Gott!«

Er bleibt geborgen in Gott, auch als er ein knappes Jahr später – 39 Jahre alt – sein Leben beenden muß. Wer war er? Hier einige Schwerpunkte seines Lebens: Er war Dichter, Pastor, Lehrer, Politiker, Theologe, Denker.

Obwohl er jung sterben mußte, hinterließ er ein reiches theologisches Werk. Im Mittelpunkt seiner Bücher steht Jesus Christus, »der Mann für andere«. Es darf der Kirche – so schreibt er – immer nur um ihn gehen. Daß Gott die Sünder rechtfertigt, darf nicht als »billige Gnade« verkündet werden. Zur Gnade gehört Nachfolge – so lehrt er – auch wenn sie etwas kostet. In dieser Nachfolge dienen die Christen ihren Mitmenschen, und die Kirche wird zur »Kirche für andere«. Er befaßt sich auch immer wieder mit der Frage, wie wir als Christen in der »religionslosen Zeit« leben können. Er konnte nicht ahnen, daß diese seine Gedanken – zum Teil im Gefängnis entwickelt und in Briefen nach draußen geschmuggelt – nach seinem Tode ein großes Echo finden würden, in Deutschland, in den USA, in der Dritten Welt.

Er wurde 1906 in Breslau geboren. In Berlin und New York studierte er Theologie. 1931 war er Studentenpfarrer und Privatdozent in Berlin, 1933 Pastor in London. Zwei Jahre später wird er Direktor eines Predigerseminars der Bekennenden Kirche. 1939 – kurz vor Beginn des zweiten Weltkrieges ist er noch einmal in den USA. Aber er kehrt zurück. Er weiß, daß er Deutschland in schwerer Zeit nicht den Rücken kehren darf. Die Nazis erteilen ihm erst Rede-, dann Schreibverbot. Er arbeitet für die Widerstandsbewegung und wird 1943 verhaftet, als er versucht, Juden bei der Flucht aus Deutschland zu helfen. Im Gefängnis schreibt er zur Jahreswende 1944/45 sein vielleicht bekanntestes Gedicht; in dem es heißt:

»Und reichst Du uns den schweren Kelch, den bittern
des Leids, gefüllt bis an den höchsten Rand,
so nehmen wir ihn dankbar ohne Zittern
aus Deiner guten und geliebten Hand.«

Am 9. April 1945 wird er von den Nazis ermordet.

Der Gesuchte leitete keine Missionsgesellschaft, und er baute keine Hilfsorganisation auf. Er ist Theologe – aber weder Pastor noch Lehrer. Nur ein einziges Mal hat er gepredigt, als er seinen erkrankten Vater vertrat. Und doch ist er bekanntgeworden als ein Christ, der in schwerer Zeit und in einer persönlich schwierigen Situation an Christus festhielt. Äußerlich ist sein Leben arm an Höhepunkten. Nur einmal ist er im Ausland. Ein knappes Jahr ist er Soldat. Im Alter von 28 Jahren heiratet er eine um 13 Jahre ältere Frau. Sieben Jahre später werden sie kirchlich getraut, nachdem seine Frau zum christlichen Glauben gefunden hat. Aus ihrer Ehe gehen keine Kinder hervor. Er lebte 39 Jahre. **93**

Der Gesuchte wird 1903 in Schlesien geboren. Er studiert in Breslau und Erlangen Theologie. Als er Schwierigkeiten hat, den rechten Zugang zur wissenschaftlichen Theologie zu finden, bricht er ab und lebt als Journalist und Funkautor in Breslau und Berlin. Nach der Machtübernahme durch die Nazis 1933 endet seine Mitarbeit beim Rundfunk abrupt. Weil seine Frau Jüdin ist, wird er entlassen. Zurückgezogen lebt er weiter in einer glücklichen Ehe, doch ihr Leben ist mehr und mehr überschattet von den Schwierigkeiten mit dem NS-Regime.

In dieser Zeit schreibt er viel – Romane (z.B. »Der Vater«), Gedichte, Kirchenlieder. Nicht alles Geschriebene darf gedruckt werden. 1939 gelingt es einer Tochter aus der ersten Ehe seiner Frau, ins Ausland zu gehen. Die andere Tochter bleibt bei ihnen. Dann merken sie, daß auch die Heirat mit einem »arischen« Mann keine Jüdin mehr schützen kann. Sie versuchen alles, um aus Deutschland herauszukommen. Es wird ihnen Hoffnung gemacht – aber schließlich zerbricht alles. So kommt es zu einem Ende des Lebens dieser drei Menschen, das zu verstehen uns schwerfällt, über das wir aber nicht urteilen wollen. Seine letzte Tagebuchaufzeichnung vom 10. Dezember 1942: »Nachmittags die Verhandlung auf dem Sicherheitsamt. Wir sterben nun – ach, auch das steht bei Gott – Wir gehen heute nacht gemeinsam in den Tod. Über uns steht in der letzten Stunde das Bild des segnenden Christus, der um uns ringt. In dessen Anblick endet unser Leben.«

94 Mehr als 300.000 km legte er reitend zurück – deshalb nannte man ihn manchmal den »Reitersmann Gottes«. Aber die viele Zeit auf dem Rücken von Pferden pflegte er noch anders zu nutzen. Er ließ dem Pferd die Zügel locker und – las: philosophische, theologische und andere Literatur. Manchmal stürzte er, aber er verletzte sich kaum. Später fuhr er in einer Kutsche – mit eingebautem Bücherregal. – Warum reiste er soviel? Er wollte – nein: er mußte – predigen. Rund 50.000 mal verkündigte er das Evangelium in Sälen und Kirchen, auf Messen und Marktplätzen, in Kasernen und Gefängnissen. Einmal predigte er auf einem Friedhof. Denn in der Kirche seiner Heimatstadt Epworth durfte er nicht sprechen. Da war das Grab seines Vaters (und früheren Pastors dieser Kirche) sein Predigtplatz. Übrigens gründete er auch eine Poliklinik, eine Darlehnskasse sowie verschiedene Witwen- und Waisenhäuser und Schulen. Er lebte von 1703 bis 1791. Sein Missionsfeld war vor allem England, Schottland und Irland.

1736 reiste er zusammen mit seinem Bruder in die USA, um Indianer zu missionieren. Schon nach zwei Jahren kehrte er zurück. Er schreibt: »Ich ging nach Amerika, um Indianer zu bekehren, und was fand ich? Was ich am allerwenigsten erwartete, daß ich selbst nie zu Gott bekehrt war.« Seine eigentliche tiefe Bekehrung erlebte er wenig später, als er in eine Versammlung kam, in der Luthers Vorrede zum Römerbrief verlesen wurde. Bald darauf begann er überall zu evangelisieren, wo er Menschen fand, die ihm zuhörten. Oft predigte er im Freien. Bald merkte er, daß er eine verbindliche Mannschaft hinter sich haben mußte. So gründete er 1740 seine erste »vereinigte Gesellschaft«, wie er sie zunächst nannte. Dieser ersten folgten bald viele weitere »Gesellschaften« oder Gemeinden. Sie sind heute in aller Welt zu finden.

»Methodisten« nannten sie sich nicht selbst. Der Name geht vielmehr auf eine Zeit vor seiner großen Heilserfahrung zurück, als er mit seinem Bruder einen »Heiligen Club« leitete. Sie wollten schon damals ernste Christen sein und hatten sich dafür eine Reihe von Regeln und Methoden zur Heiligung gesetzt. – So war der Gesuchte, ohne es zu wollen, der Begründer einer weltweiten Kirche. Doch er war noch mehr. Er war einer der ersten, der Mission als Hauptaufgabe der Christen in der modernen Welt erkannte. Er war einer der Begründer christlicher Literaturarbeit. Man sagt, er habe jede Woche ein Manuskript für den Druck fertig gemacht. Er verstand es, neubekehrte Menschen verbindlich in kleine Gruppen einzubinden, in die sogenannten »Klassen«. Schließlich war er einer der ersten in der Neuzeit, der gläubige Laien – Männer wie Frauen – für die Verkündigung einsetzte.

»Pro gloria dei et bono publico« – zur Ehre Gottes und zum Wohle des Volkes: so heißt sein Wahlspruch und so steht es in seinem Siegel. Auf seinem Grabstein finden wir nach seinem Namen folgende Angaben: »*26. Januar 1800 †2. Januar 1884 Ein Herr. Ein Glaube. Eine Taufe. Epheser 4,5 – Sie blieben aber beständig in der Apostel Lehre und in der Gemeinschaft und im Brotbrechen und im Gebet. Apostelgeschichte 2,42«. Beide Bibelstellen sagen etwas über sein Lebenswerk. Außerdem findet sich auf dem Grabstein der Hinweis auf ein Ereignis im Jahre 1834, durch das der Gesuchte bekannt geworden ist. Sein Grab ist übrigens in Hamburg, obwohl er dort nicht gestorben ist. In Hamburg hat er aber die meiste Zeit seines Lebens verbracht. **95**

Welchen Beruf der Gesuchte hat? Wir haben die Wahl: Agent, Antiquar, Buchhändler, Commissionar, Hilfskellner, Missionsarbeiter, Prediger, Sonntagsschulorganisator, Verlagsgründer. Eine weitere richtige Bezeichnung für das, was er viele Jahre tat, wäre wohl Reisesekretär. Mit Postkutsche, Eisenbahn und Schiff ist er fast überall in Europa unterwegs. Und Rußland kennt er ebenso wie die USA. Vor allem aber ist er Verkündiger des Evangeliums und Gemeindegründer. Als er stirbt, gehören mehr als 30.000 Christen zu 165 Gemeinden, die direkt oder indirekt durch ihn entstanden sind. Diese Gemeinden sind in Deutschland, Dänemark, Holland, der Schweiz, Polen, Rußland und in anderen Ländern. Der Gesuchte findet aber nicht überall offene Türen. Mehrmals wird er wegen seiner Verkündigung ins Gefängnis gesperrt.

Der Gesuchte ist in Varel (Oldenburg) geboren. Von 1814 bis 1823 lebt er in Schottland und England. Als 20jähriger bekehrt er sich in London. Ab 1823 ist er Agent einer englischen Missionsgesellschaft in Hamburg. Er beginnt zu evangelisieren, sowie Bibeln und Traktate zu verteilen. Er sammelt einen Kreis gläubiger Christen um sich. Mit Pastor Rautenberg zusammen beginnt er 1825 die erste deutsche Sonntagsschule. Beim Bibelstudium wächst in der Gruppe die Erkenntnis der Glaubenstaufe. 1834 schließlich wird er – zusammen mit sechs anderen – in der Hamburger Elbe getauft. Mit ihnen bildet er die erste deutschsprachige Baptistengemeinde. Zu der ersten Gemeinde kommen bald viele weitere. Die baptistische Freikirche verbreitet sich auf dem gesamten europäischen Kontinent, nicht zuletzt dank vieler Reisen des Gesuchten.
PS: Der Gesuchte hat einen Verlag gegründet, der noch heute seinen Namen trägt. Auch das Buch, das Du gerade liest, ist in diesem Verlag erschienen.

96 »Wir sind Bettler, das ist wahr.« Mit diesem Satz faßt der Gesuchte kurz vor seinem Tode seine Haltung zur Bibel zusammen. Diese Bibel hat ihn den größten Teil seines Lebens beschäftigt: als Übersetzer, als Ausleger, als einer, der unter ihren Aussagen gelitten, der aber schließlich in ihr die größte Entdeckung seines Lebens machte. Dabei hat er die Bibel spät kennengelernt. Er schreibt: »Ich . . . habe, als ich 20 Jahre alt war, noch keine Bibel gesehen. Ich war der Meinung, es gebe kein Evangelium.«

Im Alter von 24 Jahren erhielt er die Priesterweihe. Mit 25 Jahren wird er Professor der Philosophie, mit 29 Doktor der Theologie. Weiter: Seine sprachschöpferischen Leistungen sind allgemein anerkannt, seine musikalische Begabung war außergewöhnlich. (Einer seiner Gegner: »Seine Lieder haben mehr Seelen verführt als alle seine Schriften und Predigten.«) Doch am bedeutendsten war sicher sein Einfluß auf Kirche und Theologie. Bewunderswert sind sein starker Glaube und sein Mut, auch vor Kaisern und Königen an seinen Erkenntnissen festzuhalten.

Wer war er wirklich? Er war einer, dessen ganzes Leben von jener Entdeckung in der Bibel geprägt war: Die »Gerechtigkeit Gottes«, so begriff er bei der Arbeit am Römerbrief, ist nicht die Gerechtigkeit, mit der Gott die Guten belohnt und die Bösen bestraft. So hatte er es zwar bisher – der damaligen theologischen Tradition folgend – auch gesehen. Doch nun erkannte er: Der Mensch wird gerechtfertigt vor Gott allein durch den Glauben. Dieses »Turmerlebnis« – so genannt nach seinem Arbeitszimmer im Wittenberger Kloster – war die Grundlage für alles, was er weiter tat. Vieles wäre noch zu sagen. Das Wichtigste: Seine neue Lehre stellte das Evangelium weit mehr in den Mittelpunkt, als die damalige Kirche es tat. Mit dem noch jungen Medium des Buchdrucks hatte er die Möglichkeit, seine Lehre zu verbreiten. Er wollte die Erneuerung der Kirche von innen. Stattdessen entstand durch ihn eine neue Kirche. Sie ist sein Lebenswerk.

Als der hier Gesuchte zwölf Jahre alt ist – im Jahre 1817 – hat er **97**
die Bibel schon zweimal durchgelesen. Das zeigt seine Liebe zur Bibel, aber auch seine fromme Erziehung. Die Liebe zur Bibel behält er zeitlebens, die Enge seiner pietistischen Erziehung dagegen überwindet er schon bald. Er macht viele große und besondere Erfahrungen in seinem Glauben, so daß er über Deutschland hinaus bekannt wird und viele Menschen zu ihm kommen. Er bemüht sich stets, seinen Herrn Jesus großzumachen; seine Erfahrungen dagegen spielt er herunter. Sein größter »Fall« wird eigentlich nur durch eine Indiskretion bekannt. Er hat darüber einen Bericht an seine Kirchenbehörde verfaßt, ihn aber nicht zur Veröffentlichung freigegeben. Trotzdem wird der Bericht bekannt. Schnell noch einige Stichworte: Der Gesuchte ist Schriftsteller, Liederdichter und Komponist, ein bekannter Prediger; vor allem aber ist er Seelsorger. Die letzten 28 Jahre seines Lebens arbeitet er in einem von ihm gegründeten Seelsorgezentrum.

Als er Pfarrer in einem kleinen Schwarzwalddorf ist, begegnen ihm eigenartige Dinge. Eine junge Frau leidet unter Erscheinungen, wie sie ihm aus der Bibel als Besessenheit bekannt sind. Er überläßt die Frau zunächst den Ärzten, bis diese nach ihm rufen. Welche Kämpfe er dann im Zusammenhang mit dieser Frau erlebt, das ist kaum beschreibbar. Er wäre wohl auch als völlig unglaubwürdig abgetan worden, wenn er nicht stets die Gegenwart des Gemeindevorstehers als Zeugen gesucht hätte. In nüchternen Protokollen läßt er das fast Unglaubliche festhalten. Der Kampf gegen den Teufel und seine dienstbaren Geister endet schließlich mit einem endgültigen Sieg Jesu. Zugleich beginnt eine mächtige Erweckung in seiner Gemeinde. Viele Gemeindeglieder bekennen ihre Sünden, bekommen Vergebung; und Kranke werden gesund.

Nach der Befreiung der Gottliebin Dittus in Möttlingen wird der Gesuchte zu einem Führer der Erweckungsbewegung. Seine Einfachheit, Natürlichkeit und Fröhlichkeit bewahren ihn vor falschem Tun. Manch einer erwartet einen »Geisterbeschwörer« – und trifft einen meist sehr nüchternen Seelsorger an. 1852 gibt er den Gemeindedienst auf. Er zieht nach Bad Boll und macht aus der ehemaligen Kuranlage ein Seelsorgezentrum. Dort suchen ihn viele Menschen auf, andere schreiben ihm. Viele kommen zum Glauben, und manche werden gesund. Er stirbt 1880.

98 »Wir wollen also eine Schule, in der man dem Herrn dient, gründen.« So beschreibt er selbst sein Ziel. Und er setzt es in die Tat um. Nichts Weltbewegendes, möchte man meinen. Und doch ist sein Einfluß bis heute sehr groß. In seiner Schule sollen alle gleich sein: Deutsche wie Italiener, Freie wie Unfreie, Adlige wie Sklaven. Auch die für die Gemeinschaft nötige körperliche Arbeit soll von allen getan werden – genau so wie die geistlichen Übungen. »Müßiggang ist der Feind der Seele«, schreibt er. Damit wendet er sich gegen die in seiner Zeit verbreitete Auffassung, Handarbeit sei nichts für einen freien Mann. Er lebt in Italien und ist der Sohn einer reichen Adelsfamilie. Er studiert in Rom. Doch das lasterhafte Leben vieler Studenten dort widert ihn an. Um nicht den gleichen Weg zu gehen, verläßt er Rom und wird Mönch.

Zunächst lebt er drei Jahre in großer Einsamkeit in einer Höhle. Andere in der Nähe lebende Mönche lernen ihn kennen und schätzen. Bald bitten sie ihn, ihr Vorsteher zu werden. Aber die Liebe zu ihm dauert nicht lange. Vielleicht ist er ihnen zu streng. So verläßt er auch diesen Ort. Bald danach gründet er ein eigenes Kloster auf einem Berg bei Cassinum. Hier bleibt er bis an sein Lebensende. Was seinem Leben Bedeutung verleiht, ist nicht diese Klostergründung allein. Mönche und Klöster gibt es vor ihm. Entscheidend ist die von ihm verfaßte Ordensregel. Ora et labora – bete und arbeite: so lautet die neue, die Gemeinschaft der Mönche formende Grundregel. Körperliche Arbeit und geistliche Übungen gehören demnach zusammen. Auf ihn gehen auch die drei Mönchsgelübde zurück: Armut, Keuschheit und Gehorsam.

Man schreibt das Jahr 529, als er das schon erwähnte Kloster Monte Cassino gründet. Es wird zum Mutterkloster des nach ihm benannten Ordens. Seine Ordensregel wird von vielen Klöstern übernommen; und neue Klöster entstehen aufgrund seiner Regel. Diese verlangt unter anderem, daß ein Mönch Zeit seines Lebens am selben Ort bleibt. Das beendet nicht nur das Herumvagabundieren vieler Mönche, es erhält auch Bedeutung für die Missionierung Deutschlands. Die vielen neuen Klöster bilden ein Gegengewicht zu einem manchmal recht oberflächlichen Christentum. Durch das asketische Leben der Mönche, durch ihr Beten und Dienen wird die Kirche von innen erneuert. Außerdem beschäftigen sich die Mönche mit Kunst, Literatur und Wissenschaft und bauen so mit an der Grundlage europäischer Kultur. Deshalb nennen manche auch den hier Gesuchten Vater des Abendlandes.

Er bekehrt sich als 16jähriger in einem Missionszelt. Dabei ist er kein 99
ernster Gottsucher, als er das Zelt zum ersten Mal betritt. Die pure Langeweile des heißen Sommerabends weist ihm den Weg. Doch sofort nach seiner Entscheidung für Christus ist ihm klar: Er will seinen Glauben nicht auf den üblichen Kirchenbesuch am Sonntagmorgen beschränken. Folgerichtig entschließt er sich vier Jahre später für das Theologiestudium. Während der Ausbildung an verschiedenen Hochschulen seines Landes begegnet er vielen bekannten Predigern und Evangelisten. Er lauscht ihren Auslegungen auf der Kanzel und studiert Redestil und die Art, wie sie Menschen zu Christus rufen. Bald ist er – selbst noch Student – ein oft eingeladener Prediger. Er heiratet die Tochter eines Chinamissionars und beginnt seinen Dienst als Mitarbeiter von Jugend-für-Christus. 1946 – nun 28 Jahre alt – sagt er bei einem Interview: »Ich möchte Evangelist werden. Ich glaube, daß dieses Land reif für eine Erweckung ist. Tatsächlich glaube ich, daß die ganze Welt vor einem großen geistlichen Erwachen steht.« Und er wird Evangelist. 1949 hören 9000 Menschen an jedem Abend seine Predigt.

Aber ist die Zeit der Massen-Evangelisation nicht längst vorbei? So fragt man auch in Amerika. Doch der junge baptistische Evangelist läßt sich nicht beirren. Bei fast jedem Feldzug scheint die Zahl seiner Zuhörer zu wachsen – und auch die Zahl derjenigen, die »nach vorn« kommen, weil sie sich zu Christus rufen lassen. Mit steigendem Bekanntheitsgrad wächst aber auch die Zahl seiner Kritiker, besonders in Europa. Er vereinfache die biblische Botschaft zu sehr, heißt es da. Und er beziehe den Glauben zu sehr und zu ausschließlich auf den einzelnen. Er setze zuviel aufs Gefühl und entwickle einen Bekehrungsmethodismus. Schließlich bediene er sich zu sehr der Technik und der Massenmedien. Aber bei aller Kritik bleibt, daß er ein von Gott gebrauchter und begnadigter Evangelist ist. Tatsächlich benutzt er jedes technische Medium, um das Reich Gottes den Menschen nahezubringen. Er schreibt Bücher, gibt eine evangelistische Zeitschrift heraus, er arbeitet mit missionarischen Rundfunk- und Fernsehsendungen, und er läßt evangelistische Filme drehen.

Der 1918 in North-Carolina geborene Evangelist ist einer der am meisten bewunderten Männer unserer Zeit. Er ist Freund vieler bekannter Staatsmänner. Trotz aller Medienarbeit bleibt die Großevangelisation sein Schwerpunkt. Wo hat er noch nicht evangelisiert? Nord- und Südamerika kennen ihn. Fünfmal war er in Deutschland; auch in der DDR hat er gesprochen. Er war in Ostblockländern wie in Australien und Afrika, in Indien und in Korea. Hier in Seoul ist ein besonderer Rekord zu melden: Mehr als eine Million Menschen waren auf dem Platz versammelt, auf dem seine »Kanzel« stand. Wer hätte schon einmal zu mehr Menschen gesprochen? Was ist sein Geheimnis? Ein namenloser Zuhörer faßte es einmal so zusammen: »Er predigt mit Vollmacht und nicht wie die Theologen.«

100 Wer mit 39 Jahren stirbt, ist nicht alt geworden. Um so erstaunlicher ist es, daß der hier Gesuchte in so vieler Hinsicht bekannt geworden ist. Er ist Mathematiker, Physiker, Erfinder, Schriftsteller und Philosoph. Nennen wir einige seiner naturwissenschaftlichen Leistungen: Er baut eine erste funktionierende Rechenmaschine; er entdeckt das Gesetz der kommunizierenden Röhren; und er mißt als erster den Luftdruck. Als Schriftsteller wird er durch seine »Briefe aus der Provinz« bekannt. Durch alle Ironie hindurch wird hier sein geschliffener Stil deutlich. Sein Hauptwerk – eine Verteidigung der christlichen Religion – bleibt unvollendet. Doch werden die einzelnen Teile als »Gedanken« veröffentlicht. Das Buch wird ein Klassiker der Weltliteratur.

»Man muß drei Eigenschaften haben: Skeptiker, Mathematiker und gläubiger Christ sein und diese miteinander aussöhnen, indem man zu zweifeln versteht, wo es notwendig ist, – sich Gewißheit verschafft, wo es notwendig ist, – und sich unterwirft, wo es notwendig ist.« Dieses Zitat zeigt etwas von seinem Leben – und von seinem Glauben. Dabei ist er nicht von Kind auf fromm. Als junger Mann lebt er recht weltmännisch in Paris. Nach seiner Bekehrung – als 31jähriger – zieht er sich ins Kloster Port Royal zurück. Dort kommt er mit dem Dichter Racine und anderen mit der französischen Kirche Unzufriedenen zusammen. Doch er erkrankt schwer und beschränkt sich bald auf theologische Studien und religiöse Meditationen. Als 35jähriger beginnt er, an seinem Hauptwerk zu arbeiten, das nach seinem Tod bruchstückhaft unter dem Titel »Pensées sur la religion« veröffentlicht wird. Er stirbt als 39jähriger in Paris.

Seine Lebensdaten: 1623-1662. Seine Bekehrung erlebt er 1654 durch eine mystische Vision. Doch die Erfahrung Gottes ist dabei so tief, so umgestaltend, daß es ihm schwerfällt, sie in Worte zu fassen. Nach seinem Tod findet sich im Futter seines Mantels ein Zettel, auf dem er versucht hat, seine Erfahrung in Worte zu fassen. Dort heißt es unter anderem: »Jahr der Gnade 1654 – Montag, den 23. November ... Seit ungefähr abends zehneinhalb bis ungefähr eine halbe Stunde nach Mitternacht.

Feuer: Gott Abrahams, Gott Isaaks, Gott Jakobs, nicht der Philosophen und der Gelehrten. Gewißheit, Gewißheit, Empfinden, Freude, Friede. Gott Jesu Christi ...«

Zum Schluß noch ein Tip, um das Raten zu erleichtern: Seit einigen Jahren wird die physikalische Einheit, mit der der Luftdruck gemessen wird, nach ihm benannt.

3. ZWISCHENRUNDE: Zitate bekannter Christen

Gesucht wird der Autor folgender Zitate.
Bild und Lebensdaten sollen das Raten erleichtern.

1929-1968

Ich habe einen Traum, daß meine vier kleinen Kinder eines Tages in einer Nation leben werden, wo man sie nicht nach ihrer Hautfarbe, sondern nach ihrem Charakter beurteilen wird. Ich habe einen Traum, daß eines Tages jedes Tal erhöht und jeder Hügel und Berg abgetragen sein wird. Daß die rauhen Orte geglättet und die gewundenen Orte begradigt sein werden. **1**

2

1906-1945

Von guten Mächten wunderbar geborgen,
erwarten wir getrost, was kommen mag.
Gott ist mit uns am Abend und am Morgen
und ganz gewiß an jedem neuen Tag.

3

1903-1942

Weil die Welt ausgerichtet ist auf ein Buch, die Bibel, ist Bücherschreiben eine große Sache, daß es eben nicht anders als mit Zittern und Zagen vor sich gehen kann.

4

1875-1965

Gut sein heißt Leben bewahren, Leben fördern, Leben auf den höchsten Stand bringen, den es erreichen kann. Böse sein heißt Leben vernichten, Leben verletzen, Leben, das einen höheren Stand erreichen könnte, niederdrücken.

3. ZWISCHENRUNDE: Zitate bekannter Christen

5

1834-1892

Ein kräftiger Schluck Seeluft und ein tüchtiger Spaziergang im Wind füllt zwar nicht die Seele mit Gnade, aber doch den Körper mit Sauerstoff, was das Nächstbeste ist. – Die zum Himmel eingehen, tragen den Namen des Vaters Jesu Christi geschrieben an ihren Stirnen; keine B für Baptisten, keine M für Methodisten, keine L für Lutheraner, keine R für Reformierte; ihres Vaters Namen tragen sie und keinen anderen.

6

1813-1855

Gott schafft alles aus nichts – und alles, was Gott brauchen will, macht er zuerst zu nichts.

7

1805-1880

Daß Jesus siegt, bleibt ewig ausgemacht.
Sein wird die ganze Welt.
Denn alles ist nach seines Todes Nacht
in seine Hand gestellt.
Nachdem am Kreuz er ausgerungen,
hat er zum Thron sich aufgeschwungen.
Ja, Jesus siegt!

8

1804-1875

Herr, schicke, was du willst,
ein Liebes oder Leides!
Ich bin vergnügt, daß beides
aus deinen Händen quillt.

Wollest mit Freuden
und wollest mit Leiden
mich nicht überschütten!
Doch in der Mitten
liegt holdes Bescheiden.

3. ZWISCHENRUNDE: Zitate bekannter Christen

1761-1834

Erwartet große Dinge von Gott, und unternehmt große Dinge für Gott. **9**

Ich danke Gott und freue mich **10**
Wie's Kind zur Weihnachtsgabe,
Daß ich bin, bin! Und daß ich dich,
Schön menschlich Antlitz habe.

1740-1815

Gott, laß dein Heil uns schauen,
Auf nichts Vergänglichs trauen,
Nicht Eitelkeit uns freun!
Laß uns einfältig werden
Und vor dir hier auf Erden
Wie Kinder froh und fröhlich sein!

11

1697-1769

Ein Tag, der sagt dem andern,
mein Leben sei ein Wandern
zur großen Ewigkeit.
O Ewigkeit, so schöne,
mein Herz an dich gewöhne,
mein Heim ist nicht in dieser Zeit.

12

1650-1680

Lobe den Herren, den mächtigen König der Ehren,
meine geliebete Seele, das ist mein Begehren.
Kommet zuhauf,
Psalter und Harfe, wacht auf,
lasset den Lobgesang hören!

3. ZWISCHENRUNDE: Zitate bekannter Christen

13

1607-1676

Nun ruhen alle Wälder,
Vieh, Menschen, Städt und Felder,
es schläft die ganze Welt;
ihr aber, meine Sinnen,
auf, auf, ihr sollt beginnen,
was eurem Schöpfer wohlgefällt.

14

1483-1546

Ein feste Burg ist unser Gott,
ein gute Wehr und Waffen.
Er hilft uns frei aus aller Not,
die uns jetzt hat betroffen.
Der alt böse Feind,
mit Ernst er's jetzt meint;
groß Macht und viel List
sein grausam Rüstung ist;
auf Erd' ist nicht seinsgleichen.

15

1182-1226

Gepriesen seist du,/ o Herr,/ mit allen deinen Geschöpfen,/ vornehmlich/ mit unserem Herrn Bruder,/ dem Sonnengestirn,/ welches den Tag schafft/ und uns erleuchtet/ durch ihn./ Es ist schön und strahlend/ mit großem Glanz,/ ein Gleichnis deiner,/ o Höchster.
Gepriesen seist du,/ o Herr,/ durch Schwester Mond/ und die Sterne,/ du hast sie/ am Himmel gebildet,/ köstlich und schön!
Gepriesen seist du,/ o Herr,/ durch den Wind,/ unseren Bruder,/ durch die Luft/ und die Wolken/ und heitre/ und jegliche Witterung,/ durch welche/ du deinen Geschöpfen/ Erhaltung gewährst.

16

354-430

Du treibst ihn (d.i. den Menschen), daß dich zu preisen ihm Wonne ist, weil du uns schufest zu dir hin, und ruhelos ist unser Herz, bis es Ruhe findet in dir.

Lösungen der Zwischenrunden

1. ZWISCHENRUNDE: Zitate aus dem Alten Testament

Erstes Buch Mose (Seite 47)

1 Esau	1. Mose 25,32
2 Laban	1. Mose 29,26
3 Isaak	1. Mose 27,3-4
4 Eva	1. Mose 3,13
5 Sara	1. Mose 21,6
6 Elieser	1. Mose 24,33
7 Rebekka	1. Mose 27,13

Die Anfangsbuchstaben ergeben
ELIESER 24,56

Mose bis Richter (Seite 48)

1 Mose	5. Mose 18,15
2 Josua	Jos. 24,15
3 Rahab	Jos. 2,9
4 Jephtah	Ri. 11,30-31
5 Aaron	2. Mose 32,24
6 Mose	2. Mose 4,10

Die Anfangsbuchstaben ergeben
MIRJAM 2. Mose 15,21b

Königszeit I (Seite 49)

1 Rehabeam	2. Chr. 10,14
2 Elia	1. Kön. 17,1
3 Hiskia	2. Kön. 19,16
4 Ahab	1. Kön. 21,2
5 Bathseba	2. Sam. 11,5
6 Elisa	2. Kön. 2,12
7 Absalom	2. Sam. 15,10
8 Michal	2. Sam. 6,20

Die Anfangsbuchstaben ergeben
REHABEAM 1. Kön. 12,9

Königszeit II (Seite)

1 Goliath	1. Sam. 17,43
2 Elia	1. Kön. 17,14
3 Hiskia	2. Kön. 20,3
4 Ahab	1. Kön. 22,34
5 Salomo	1. Kön. 3,7 und 9
6 Jonathan	1. Sam. 14,6

Die Anfangsbuchstaben ergeben
GEHASI 2. Kön. 5,20

Zeit des Exils und danach (Seite 51)

1 Nebukadnezar	Dan. 2,3.5
2 Esther	Est. 4,16
3 Hiob	Hiob 1,21
4 Esra	Esr. 8,31-32
5 Maleachi	Mal. 3,23-24
6 Jona	Jona 1,12
7 Amos	Am. 8,11

Die Anfangsbuchstaben ergeben
NEHEMIA Neh. 2,5

I = J

2. ZWISCHENRUNDE: Zitate aus dem Neuen Testament

Die Weihnachtsgeschichte (Seite 77)

1 Bethlehem Mi. 5,1
2 Elisabeth Lk. 1,42-43
3 Theophilus Lk. 1,3
4 Herodes Mt. 2,8
5 Lukas Lk. 2,1
6 Engel Lk. 1,31
7 Hirten Lk. 2,15
8 Elisabeth Lk. 1,60
9 Maria Lk. 1,38

Die Anfangsbuchstaben ergeben
BETHLEHEM, z.B. Lk. 2,4

Menschen begegnen Jesus I (Seite 78)

1 Nathanael Joh. 1,46
2 Aussätzige Lk. 17,13
3 Zachäus Lk. 19,8
4 Andreas Joh. 1,41
5 Reicher Jüngling Mt. 19,20
6 Emmaus-Jünger Lk. 24,29
7 Thomas Joh. 20,28
8 Hauptmann von Kapernaum Mt. 8,8

Die Anfangsbuchstaben ergeben
NAZARETH, z.B. Mk. 1,9

Menschen begegnen Jesus II (Seite 79)

1 Speisemeister Joh. 2,10
2 Andreas Joh. 6,9
3 Martha Joh. 11,21
4 Aussätziger Mt. 8,2
5 Reicher Jüngling Lk. 18,18
6 Johannes/Jakobus Lk. 9,54
7 Thomas Joh. 11,16
8 Ehebrecherin Joh. 8,11
9 Reicher Jüngling Lk. 18,21
10 Jairus Mt. 9,18
11 Nikodemus Joh. 3,4

Die Anfangsbuchstaben ergeben
SAMARITERIN Joh. 4,15

Apostelgeschichte (Seite 80)

1 Ananias Apg. 9,13-14
2 Petrus Apg. 5,29
3 Oberst/Oberhauptmann Apg. 21,37f.
4 Saphira Apg. 5,8
5 Tertullus Apg. 24,2-3
6 Engel Apg. 5,20
7 Lydia Apg. 16,15

Die Anfangsbuchstaben ergeben
APOSTEL

Die neutestamentlichen Briefe (Seite 81)

1 Jakobus Jak. 1,12
2 Judas Jud. V.17-18
3 Paulus Röm. 3,28
4 Johannes 1. Joh. 4,10
5 Petrus 2. Petr. 1,16
6 Paulus 1. Kor. 13,13
7 Petrus 1. Petr. 1,18-19
8 Johannes 1. Joh. 4,16b

I = J

3. ZWISCHENRUNDE: Zitate bekannter Christen

(Seiten 113–116)

1 Martin Luther King
2 Dietrich Bonhoeffer
3 Jochen Klepper
4 Albert Schweitzer
5 Charles Haddon Spurgeon
6 Sören Kierkegaard
7 Johann Christoph Blumhardt
8 Eduard Mörike
9 William Carey
10 Matthias Claudius
11 Gerhard Tersteegen
12 Joachim Neander
13 Paul Gerhardt
14 Martin Luther
15 Franz von Assisi
16 Augustin von Hippo

Verzeichnis der gesuchten Personen

1. RUNDE: Altes Testament

	Wo sie in der Bibel zu finden sind
1 Josua	2. Mose; 4. Mose; 5. Mose; Buch Josua
2 Saul	1. Sam; 1. Chr.
3 Ruth	Buch Ruth
4 Jephtah	Ri. 11-12
5 Mose	2. Mose-5. Mose; Hebr. 11; Apg. 7
6 Elisa	1. Kön. 19-2. Kön. 13
7 Sara	1. Mose 11-23
8 Joseph	1. Mose 30-50
9 Simson	Ri. 13-16
10 Lot	1. Mose 12-19
11 Jakob	1. Mose 25-50
12 Gideon	Ri. 6-8
13 Jona	Buch Jona
14 Salomo	2. Sam. 12;1. Kön. 1-11
15 Hiob	Buch Hiob
16 Eli	1. Sam. 1-4
17 David	1. Sam. 16-1. Kön 2; 1. Chr. 11-29
18 Jeremia	Buch Jeremia
19 Nehemia	Buch Nehemia
20 Elia	1. Kön. 17-19 und 21
21 Hiskia	2. Kön. 18-20; 2. Chr. 29-32; Jes. 36-39
22 Hesekiel	Buch Hesekiel
23 Jesaja	Buch Jesaja
24 Samuel	1. Sam. 1-25
25 Kaleb	4. Mose 13-14; Jos. 14-15
26 Daniel	Buch Daniel
27 Esther	Buch Esther
28 Noah	1. Mose 5-9
29 Naeman	2. Kön. 5
30 Jonathan	1.Sam. 13-23 und 31
31 Ahab	1. Kön. 16-22
32 Bileam	4. Mose 22-24
33 Isaak	1. Mose 21-35
34 Rahab	Jos. 2 und 6
35 Debora	Ri. 4-5
36 Hanna	1. Sam. 1-2
37 Bathseba	2. Sam. 11-12; 1. Kön. 1-2
38 Rebekka	1. Mose 22-28
39 Rahel	1. Mose 29-35

2. RUNDE: Neues Testament

40 Petrus	Mt.; Mk.; Lk.; Joh.; Apg.; Petrusbriefe; Gal. 1-2
41 Philippus der Evangelist	Apg. 6; 8; 21
42 Stephanus	Apg. 6-7
43 Paulus	Apg.; Paulusbriefe; 2. Petr. 3
44 Markus	Mk.; Apg. 12 und 15; 2. Tim. 4; 1. Petr. 5
45 Pontius Pilatus	Mt. 27; Mk. 15; Lk. 13 und 23; Joh. 18-19
46 Kornelius	Apg. 10
47 Timotheus	Apg. 16-20 und Paulusbriefe
48 Jakobus	Mt. 13; Apg. 12;15;21; Gal. 2; 1. Kor. 15; Jak.
49 Maria, die Mutter Jesu	Mt. 1-2 und 13; Lk. 1-2; Mk. 3; Joh. 2 und 19; Apg. 1
50 Johannes der Täufer	Mt. 3.11.14; Mk. 1.3.6; Lk. 1-3 und 9; Joh. 1
51 Johannes der Evangelist	Mt.; Mk.; Lk.; Joh.; Apg.; Johannesbriefe; Offb.
52 Herodes Antipas	Mt. 14; Mk. 6 und 8; Lk. 13 und 23
53 Thomas	Joh. 11.14.20
54 Zacharias	Lk. 1
55 Barabbas	Mt. 27; Mk. 15; Lk. 23; Joh. 18
56 Barnabas	Apg. 4.9.11-15
57 Lydia	Apg. 16
58 Apollos	Apg. 18-19; 1. Kor. 1.3.16
59 Kämmerer aus Äthiopien	Apg. 8
60 Herodes der Große	Mt. 2; Lk. 1
61 Judas der Verräter	Mt. 26-27; Mk. 14; Lk. 22; Joh. 12-13 u. 18; Apg. 1
62 Maria von Bethanien	Mt. 26; Mk. 14; Lk. 10; Joh. 11-12
63 Hananias und Saphira	Apg. 5
64 Elisabeth	Lk. 1
65 Hauptmann von Kapernaum	Mt. 8; Lk. 7
66 Reicher Jüngling	Mt. 19; Mk. 10; Lk. 18
67 Lazarus	Joh. 11-12
68 Nikodemus	Joh. 3;7;19
69 Zachäus	Lk. 19
70 Samariterin	Joh. 4

3. RUNDE: Glaubensgeschichte

71 Toyohiko Kagawa, 1888-1960
72 Johann Hus, 1374-1415
73 William Booth, 1829-1912
74 Mutter Teresa von Kalkutta, geb. 1910
75 Nikolaus Ludwig Graf von Zinzendorf, 1700-1760
76 Konstantin von Tischendorf, 1815-1874
77 Paul Gerhardt, 1607-1676
78 Corrie ten Boom, 1892-1983
79 Hudson Taylor, 1832-1905
80 Charles Haddon Spurgeon, 1834-1892
81 David Livingstone, 1813-1873
82 Martin Luther King, 1929-1968
83 Franz von Assisi, 1182-1226
84 Ulrich Zwingli, 1484-1531
85 Augustin von Hippo, 354-430
86 Konstantin der Große, um 285-337 (Kaiser von 306-337)
87 John Wyclif, um 1320-1384
88 Friedrich von Bodelschwingh, 1831-1910
89 Albert Schweitzer, 1875-1965
90 Gerhard Tersteegen; 1697-1769
91 William Carey, 1761-1834
92 Dietrich Bonhoeffer, 1906-1945
93 Jochen Klepper, 1903-1942
94 John Wesley, 1703-1791
95 Johann Gerhard Oncken, 1800-1884
96 Martin Luther, 1483-1546
97 Johann Christoph Blumhardt, 1805-1880
98 Benedict von Nursia, um 480-547
99 William (Billy) Franklin Graham, geb. 1918
100 Blaise Pascal, 1623-1662

Alphabetisches Verzeichnis der gesuchten Personen

Die Ziffern beziehen sich auf die Nummern am Rand, nicht auf die Seitenzahlen.

G. J. Bos

Martin Luther King

Dieser Pastor im Süden der Vereinigten Staaten, war der wichtigste Führer der amerikanischen Bürgerrechtsbewegung. Sein Glaube an Jesus machte ihn fähig, auch seine Feinde zu lieben.

96 Seiten, Bestell-Nr. 27505

Robert Siegel

Alpha Centauri

Für Becky und das Pferd Rebecca beginnt ein langer Ritt in die Sagenwelt des Altertums. Die uralten weisen Männer der Centauren prüfen Becky, ob sie aufrichtig ist und wirklich ein Freund dieses verfolgten Stammes und ob sie eine große Aufgabe erfüllt.

168 Seiten, Bestell-Nr. 27506

Marilyn Donahue

Janita und der goldene Ring

Janita muß lernen, um ihre Zukunft zu kämpfen. Glaube an Gott bedeutet nicht, daß die Lösung immer vom Himmel fällt.

176 Seiten, Bestell-Nr. 27507

Marilyn Donahue

Jemand braucht dich, Carolin

Carolin möchte, daß alle Leute sie für etwas Besonderes halten. Nachdem sie drei Freunden im Unwetter hilft, ist sie es wirklich.

128 Seiten, Bestell-Nr. 27508

Aart Romijn

Da muß doch was zu machen sein

Piet, der Einzelkämpfer, ist auf der Suche nach einem Freund. Dabei gerät er allerdings zwischen eine Bande von Autodieben und dann schließlich im Gefängnis. Da besucht ihn ein ehemaliger Lehrer, der ihm auch wieder zu einem Neuanfang verhilft.

160 Seiten, Bestell-Nr. 27509